REIKI Leben
Großmeisterin Takatas Lehren

Dante Paternò di Spedalotto

REIKI Leben

Großmeisterin Takatas Lehren

aufgezeichnet von Fran Brown

Synthesis Verlag

Titel der amerikanischen Originalausgabe:
»Living Reiki - Takata's Teachings«
erschienen bei LifeRhythm, PO Box 806,
Mendocino, CA, USA 95460

Übersetzung aus dem Amerikanischen von Karin Petersen

Coverphoto: Gunter Baylow
Satz: Space Type, Köln, gesetzt aus der Hiroshige Book

ISBN 3-922026-71-0

Gewidmet
Hawayo K. Takata,
meiner Meisterin, Lehrerin und Freundin

Inhalt

靈気

Vorwort

Von Großmeisterin Phyllis Lei Furumoto

In Japan »kennt« jeder Reiki. Reiki ist die Lebensenergie. Diese Energie wird geachtet und im täglichen Leben genutzt. Jedem Lebensabschnitt entspricht eine bestimmte Zeremonie und Tradition, die auf dem Verständnis beruhen, daß Reiki lebendige Energie ist. Diese Lebenseinstellung hat innerhalb der japanischen Gesellschaft bestimmte Formen von Disziplin und bestimmte Lebensweisen hervorgebracht. Eine dieser »Lebensweisen« oder »Künste« ist das Usui-System des natürlichen Heilens. Dieses System stellt eine Kunst des Heilens dar, einen Weg zur Ganzheit, der auf einer bestimmten Lebensart beruht.

Auch wenn heute das Wort Reiki zur Bezeichnung des Usui-Systems des natürlichen Heilens benutzt wird, ist es korrekter zu sagen, daß wir das Usui-System studieren, um Reiki in unser Leben einzubringen. Reiki bietet uns einen einfachen Weg, unser Leben als Heiligtum zu betrachten und zu erfahren, das wir achten und respektieren.

Wesentlich für die mündliche Tradition ist, daß die Schüler und Schülerinnen zu ihrer Lehrerin und Mentorin, der Quelle der Tradition, in ständiger Verbindung stehen. Diese Verbindung dient nicht der Bestätigung, Sicherheit oder Kontrolle, sondern wird als Anleitung und Prüfstein genutzt, während die Schüler im Irrgarten von Verstand und Glauben ihren ganz eigenen Weg finden.

Wesentlich ist auch, daß die Lehrerin ihre Geschichten oder Lernschwerpunkte auf den jeweiligen Schüler bezieht und entsprechend verändert und korrigiert. Dadurch bleiben die Geschichten lebendig und dynamisch. Der Kern der Geschichte besteht nicht in derem faktischen Ablauf, sondern in den Lektionen und Worten, an die die Schüler sich erinnern.

Nehmen Sie dieses Geschenk an, und nutzen Sie es weise. Erlauben Sie diesen Geschichten, zum Ort Ihrer inneren Weisheit vorzudringen. Und lassen Sie sich im täglichen Leben von dieser Weisheit leiten.

Phyllis Lei Furumoto ist die Enkelin von Hawayo Takata und führt in direkter Tradition das Usui-System des natürlichen Heilens fort.

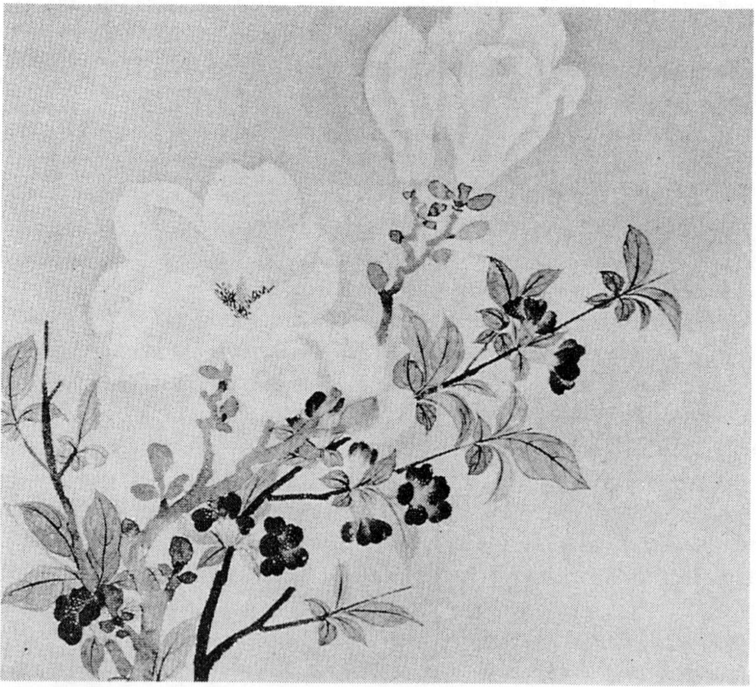

Einleitung

Takatas Schülerinnen und Schüler haben schon lange auf ein Buch mit den Geschichten gewartet, die sie zu erzählen pflegte. Auch ich war gespannt darauf, dieses Vermächtnis in seiner endgültigen Form vorliegen zu sehen. Als Vorbereitung der Texte über Takatas Geschichten hat Suzanne Rose, eine ihrer Schülerinnen, die heute selbst praktizierende Reiki-Meisterin ist, viel Forschungsarbeit in bezug auf den kulturellen Hintergrund und die zahlreichen verschiedenen buddhistischen Praktiken geleistet. Sie führte viele Gespräche mit einigen von Takata ausgebildeten Schülern und Schülerinnen, Meistern und Meisterinnen, um wirklich zu verstehen, was ihre Geschichten uns vermitteln wollen. Takata sagte uns, wir sollten »zuhören und lernen« und die Dinge »so und so tun«. Aber sie erklärte niemals, warum und wie. So ist die mündliche Lehre der Meister und Meisterinnen nun einmal beschaffen.

Anne Marie Mayhew und Ruth Scolnick halfen mir, meine Ideen und Gedanken zu vermitteln. Dixie Shipps Beitrag bestand in der endgültigen Zusammenstellung der Geschichten. Die Herausgabe dieser Geschichten wurde durch die gemeinsame Anstrengung aller möglich.

Wir alle haben diese Zeit genossen, in der wir Takata näherkamen und tiefer begreifen lernten, wie kostbar das Geschenk ist, das wir unter dem Namen Reiki kennen.

Hawayo K. Takata war eine großartige Frau, die von zahlreichen Menschen mit den unterschiedlichsten Lebenswegen gekannt, geliebt und verehrt wurde. Sie brachte Reiki 1936 von Japan mit und war 35 Jahre lang die einzige Meisterin, die es lehrte. Sie sorgte verantwortungsbewußt dafür, daß Reiki in der Tradition gelehrt wurde, in der sie selbst es gelernt hatte. Mit der zunehmenden Ausbildung von Meisterinnen und Meistern sind ihre Lehren seit 1975 weltweit verbreitet worden. Sie gehört mit Sicherheit zu den Persönlichkeiten in diesem Jahrhundert, die große Veränderungen in der Lebensart und Selbstwahrnehmung von Menschen bewirkt haben, was diese Welt zu einem Ort macht, an dem es sich besser leben läßt.

Ich möchte Sie einladen, diese Geschichten mit der gleichen Freude zu lesen, mit der ich sie aufgeschrieben habe.

Fran Brown

I

Die frühen Jahre

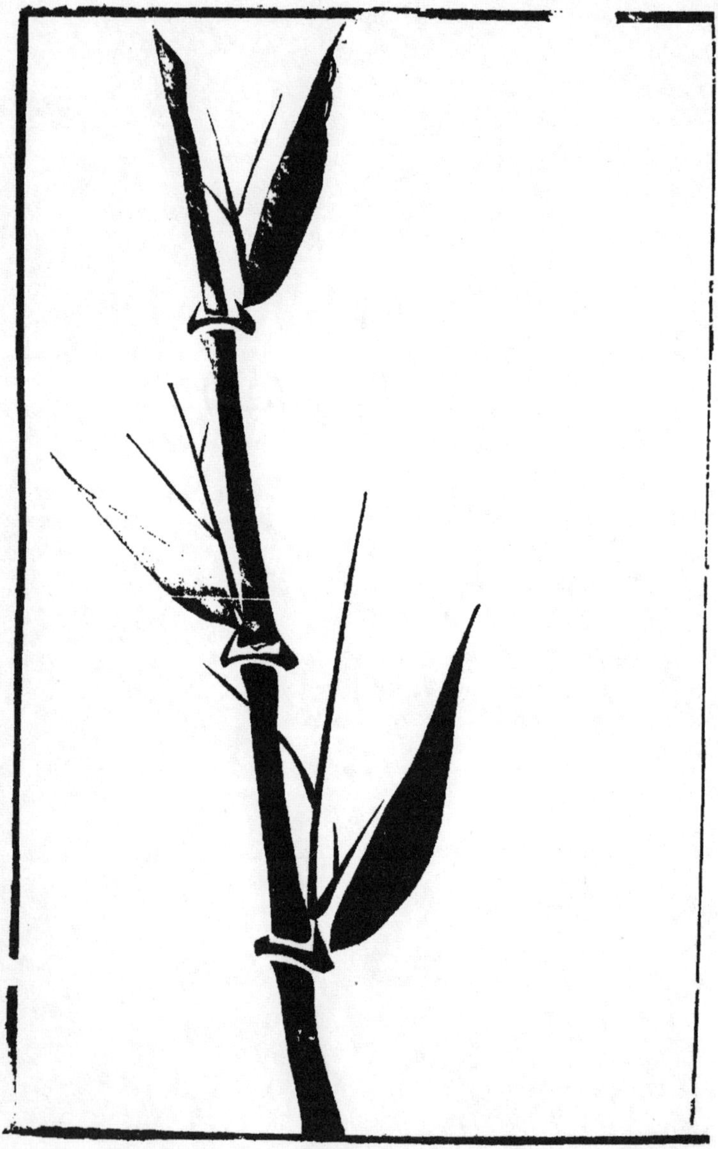

Ich möchte dir eine Geschichte erzählen...

Auf der zu Hawaii gehörenden Garteninsel Kauai dämmterte gerade der Morgen. Es war Heiligabend des Jahres 1900. Im Haus eines jungen japanischen Paares half eine Hebamme der Mutter bei der Entbindung ihres dritten Kindes. Viele junge Leute waren von Japan auf diese Blumeninsel gekommen, um in der aufblühenden Zuckerrohrindustrie zu arbeiten, und diese Familie lebte in der Stadt Hanamaulu, in der Nähe von Lihue.

Das Wimmern eines Neugeborenen verkündete die Ankunft eines kleinen Mädchens. Die Hebamme sagte zur Mutter: »Sie haben ein kräftiges, gesundes Mädchen geboren.«

Als die Mutter das winzige, sich windende und wimmernde Häufchen Mensch betrachtete, dachte sie: »Wenn sie später einmal viel erreichen soll, muß sie einen ausdrucksvollen Namen haben.« Dann kam ihr die Idee, das Kind nach der großen Insel Hawaii zu nennen und den letzten Buchstaben durch ein O zu ersetzen, da japanische Mädchennamen mit O enden.

Mit einem erleichterten Seufzer sagte die junge Mutter: »Baden Sie sie, und wickeln Sie sie in ein frisches Handtuch. Halten Sie sie dann der Sonne entgegen, legen Sie ihr die Hand auf den Kopf, und sagen Sie dreimal: ›*Ich nenne dich Hawayo.*‹ Und sagen Sie dann: ›Erfolg, Erfolg, Erfolg.‹«

Das war der Beginn des achtzigjährigen Lebens der Frau, die wir als Hawayo Takata kennen und die Reiki aus Japan mitbrachte und der ganzen Welt bekannt machte.

Pula Pula

Auch wenn Hawayo sehr viel kleiner war als andere Kinder ihres Alters, wollte sie alles tun, was diese taten, und meistens war sie diejenige, die beim gemeinsamen Spielen das Sagen hatte.

Wenn die Schulkinder 13 geworden waren, verbrachten sie die Sommerferien mit der Arbeit auf den Zuckerrohrfeldern, wo sie vom gemähten Zuckerrohr die Spitzen der jungen Triebe abschnitten. Als der Aufseher Hawayos Sack inspizierte, stellte er fest, daß dieser nur zu zwei Dritteln voll war. Sie war einfach zu klein, um den Sack bis oben füllen zu können!

Sie setzte sich hin und weinte vor lauter Bekümmerung darüber, daß sie nicht imstande war, sich den guten Lohn von 13 Cent pro Sack zu verdienen.

Zwei Freunde der Familie sahen sie weinen, kamen zu ihr und sagten: »Dein Mut muß belohnt werden. Wir werden in unserer Mittagspause dafür sorgen, daß deine Säcke bis oben voll werden.«

Ende August kam die kleine Lokomotive, die einen Wagen mit Zuckerrohr zog. Sie kam, um die Arbeiter und Arbeiterinnen zum letzten Mal abzuholen. Alle Schülerinnen und Schüler kletterten auf den Wagen und fuhren darauf nach Hause.

Alle bis auf die kleine Hawayo. Sie rief ihnen zu, ein paar Minuten zu warten.

Sie säuberte ein Fleckchen Erde von Blättern und Abfall und ließ sich auf die Knie nieder. Sie hob ihre Hände, schaute zum

Himmel hoch und sagte: »Gott, dies ist ein Dankgebet! All diese Monate und Tage waren sehr schwer, aber du hast mich beschützt, und die Freundlichkeit dieser Menschen hat mir geholfen, dies Pula Pula zu schneiden. Ich danke dir für alles, aber *sorge dafür, daß ich nie nie wieder zum Zuckerrohrfeld zurückkehren muß. Bitte laß mich mit meinen Händen etwas Besseres tun.*« Sie verbeugte sich dreimal und küßte den Boden.

Man braucht wohl nicht zu betonen, daß diese Zeremonie genau die amüsante Unterhaltung war, die den Schülerinnen und Schülern auf dem Wagen zum Abschluß dieses Sommers gefiel. Sie gröhlten und feixten und neckten Takata auf dem ganzen Weg nach Hause.

ZEIGE DANKBARKEIT

Der Kiosk

Der Mann, der die Lokomotive mit dem Zuckerrohrwagen fuhr, hatte beobachtet, was an jenem letzten Tag auf dem Zuckerrohrfeld geschehen war. Er war auch Mitglied der Schulkommission.

Eines Sonntags stattete er Hawayos Vater einen Besuch ab. »Kawamuru-San, der Schuldirektor hat gefragt, ob Hawayo bei mir und meiner Familie wohnen kann. Wir brauchen zwei Aushilfslehrer und können nur einen bekommen. Wir möchten gern, daß Hawayo in der ersten Klasse Aushilfsunterricht gibt. Sie kann ihre Schularbeiten abends machen.«

Ihr Vater gab seinen Segen. Sie kam mit den Kindern gut zurecht; deshalb erhielt sie freitags ein goldenes Fünfdollarstück und einen Silberdollar, was ihre Familie sehr begrüßte.

Im nächsten Sommer, 1914, ging sie zur Eröffnung eines neuen Lebensmittelladens nach Lihue. Der Weg war mühsam und schien zwanzig Meilen lang zu sein, obwohl es nur sieben Meilen waren.

In der Stadt sah sie einen Mann, von dem sie wußte, daß er einen Getränkekiosk besaß. Als sie ins Gespräch kamen, fragte er sie, ob sie sich mit dem Abwaschen von Gläsern und Eisbechern etwas Geld verdienen wolle. Sie fand die Idee großartig. Als der Kiosk umringt war von Menschen, bat er sie, beim Bedienen zu helfen.

Am Ende dieses arbeitsreichen Tages waren sie beide sehr müde. Und sie hatte noch die sieben Meilen Heimweg vor sich. Er ahnte, was sie dachte, und sagte zu ihr: »Laß mich dich in meinem Wagen nach Hause bringen. Du hast heute schwer gearbeitet und mußt sehr müde sein.« Sie wandte ein, daß ihr Zuhause nicht auf seinem Weg läge, freute sich aber sehr, daß er auf seinem Vorhaben beharrte.

Nachdem er ihre Eltern begrüßt hatte, sagte er zu ihrem Vater: »Hawayo war mir heute eine große Hilfe. Sie lernt schnell und ist sehr geschickt. Ich brauche eine Ganztagskraft und hätte gern, daß sie für mich arbeitet. Wären Sie damit einverstanden?«

Sie hatte die amerikanische Schule abgeschlossen, besuchte aber weiterhin von sechs bis acht Uhr morgens die japanische Schule. Anschließend ging sie die sieben Meilen zu ihrer Arbeit im Kiosk. In ihrer Freizeit arbeitete sie im Büro des Lebensmittelladens.

VERDIENE DEIN BROT AUF EHRLICHE WEISE

Die vornehme Dame

Eine sehr vornehme Dame kam immer in den Laden und gab ihre Einkaufsliste ab. Später kam ihr Chauffeur, um die Einkäufe abzuholen. Manchmal gab sie die Liste Hawayo, die dann sagte: »Vielen Dank, gnädige Frau. Einen schönen Tag wünsche ich Ihnen« und sich dabei tief verbeugte.

Dann lächelte die vornehme Dame immer, wenn sie den Laden verließ.

Als das zum ersten Mal geschah, tätschelte der Abteilungsleiter, ein Mann aus Hawaii, Hawayo den Kopf und erzählte ihr: »Diese Dame stammt aus einer sehr bedeutenden Familie. Sie wurde hier geboren und heiratete einen europäischen Adligen. Ihrem Vater gehört eine ganze Plantage, nicht nur Anteile, wie den meisten hier. Er besitzt die ganze Firma. Seine Kinder wurden alle in Europa erzogen. Sie sind vornehme Damen und Herren.«

Eines Tages fragte die vornehme Dame Hawayo: »Hast du auch einmal Ferien? Du hast mir erzählt, daß du in der kirchlichen Internatsschule wohnst, weil dein Vater in Kealia arbeitet. Ich kann dir während der Ferien Arbeit in meinem Haus in Kealia geben. Ich hätte dich sehr gerne um mich. Ich bin sicher, daß auch dein Vater und deine Mutter glücklich darüber wären. Du könntest sie jeden Sonntag von morgens bis abends besuchen. Ich werde dir doppelt soviel zahlen, wie du hier bekommst, dazu Unterkunft, Verpflegung und Kleidung.«

Das war nun wirklich ein *sehr* verlockendes Angebot!

Hawayo suchte ihren Chef auf und sagte: »Ich weiß, daß ich hier eine gute Stelle habe. Ich habe vor, in meiner Ferienwoche die vornehme Dame zu besuchen, und wenn sie mich bittet zu bleiben und mir ein sehr, sehr verlockendes Angebot macht, kann ich das vielleicht nicht ablehnen. Würden Sie mich in diesem Fall gehen lassen?«

Der Chef dachte kurz nach und sagte dann: »Hm... Ich bin sicher, daß es dir dort sehr gutgehen wird, und sie wird auch ihre Freude an dir haben. Wir sehen es nicht gern, daß du uns verläßt. Aber wir haben hier ein Geschäft und müssen unseren Kunden entgegenkommen, und sie ist unsere wichtigste Kundin. Ich würde dich also wahrscheinlich gehen lassen.« Da ihre Ferien am nächsten Tag begannen, bat sie: »Würden Sie mir bitte ein kurzes Empfehlungsschreiben ausstellen?«

SORGE FÜR DEINE SICHERHEIT

Die Hochzeit

Die vornehme Dame lebte im einem prächtigen Herrenhaus im Kolonialstil auf einem weitläufigen Grundstück, umgeben von fünf weiteren kleinen Häusern und Nebengebäuden, von Rasenflächen und schönen Blumenbeeten. Es gab 21 Angestellte. Sie hätte sich im Traum nicht vorstellen können, daß sie eines Tages die Vorgesetzte all dieser Leute werden würde und daß ihre gute Beziehung zu der vornehmen Dame 24 Jahre dauern würde. Hawayo fing an, für die vornehme Dame zu arbeiten, und die Arbeit gefiel ihr in jeder Hinsicht. Hawayo war kaum 1,50 Meter groß und sehr schlank. Sie hatte leuchtende, funkelnde Augen. Sie trug einen schönen Kimono mit einem feinbestickten *Obi* (Gürtel), in dem sie aussah wie ein lebende japanische Puppe. Sie war sehr höflich und respektvoll im Umgang mit den vielen interessanten Menschen, die von weither kamen, um die vornehme Dame zu besuchen.

Unter ihren Angestellten hatte die Dame auch einen jungen japanischen Buchhalter, der ihrer Meinung nach eine Frau brauchte. Sie hoffte, daß er und Hawayo Gefallen aneinander finden würden. Und das taten sie auch. Am 10. März 1917 wurden Saichi Takata und Hawayo Kawamuru vermählt, und sie waren sehr glücklich miteinander. Sie bekamen zwei Töchter, von denen das erste zum Entzücken der vornehmen Dame an ihrem Geburtstag geboren wurde.

Dann wurde Saichi krank und kam zur Behandlung nach Tokio in die Maeda-Klinik. Er starb 1930 im Alter von 34 Jahren an Lungenkrebs. Das war für die Familie und den Ort ein großer Schock und ein entsetzlicher Verlust, denn Saichi war als erster Asiate von der Regierung zum Leiter des Amtes für soziale Angelegenheiten ernannt worden. Er hatte auch eingeführt, daß die Plantagenbesitzer die Gehälter der Priester oder Geistlichen bezahlten, die ihre Arbeiter betreuten. Er war der Meinung, daß die Plantage die Arbeiter und die Arbeiter die Kirche brauchten. Dadurch entwickelte sich beidseitiger Respekt. Er engagierte sich auch für Jugendgruppen und gemeinnützige Vereine.

Kurz vor seinem Lebensende sagte er zu Hawayo: »Es ist das Gesetz der Evolution, daß sich alles wandelt. Trauere nicht. Wenn du meinst, daß ich gegangen bin, richte dich auf und lächele. Daran werde ich sehen, daß du verstehst, was die Religion uns beizubringen versucht. Ich möchte, daß du reist, die ganze Welt eroberst und dein eigenes Leben führst, nicht, daß du mich auf Kauai begräbst und dich um ein Hügelgrab sorgst.«

Sie entgegnete: »Ich möchte, daß du an meiner Seite bist, mich lehrst, mich führst und mir Mut machst. Dann werde ich nicht scheitern.«

Immer wenn sie ihn brauchte, spürte sie seine Anwesenheit.

Mache dir keine Sorgen

Das Wasserwerk

Als eine Stelle beim Wasserwerk frei wurde, bewarb sich Hawayo darum. Bei dieser Arbeit mußte man die Plantagenarbeiter aufsuchen und sagen: »Sie schulden 50 Cent für das Wasser, das Sie im letzten Monat verbraucht haben. Zahlen Sie mir den Betrag, oder ich werde Ihr Wasser abstellen.«

Der Personalchef warf einen Blick auf die kleine Hawayo, die keine 1,50 Meter groß war und nur wenn sie tropfnaß durchgeweicht war, gerade eben 40 Kilo wog, und sagte: »Diese Arbeit ist auf gar keinen Fall etwas für Sie.«

Sie beharrte darauf, die Arbeit schaffen zu können.

Der Personalchef sagte: »Nein, das können Sie nicht.«

Sie bewarb sich erneut und erhielt die gleiche Antwort.

Als sie sich zum dritten Mal bewarb, sagte sie: »Stellen Sie mich für einen Monat ein, und wenn ich nicht so gut bin wie meine Vorgänger, können Sie mich wieder entlassen.«

So wurde sie Wassergeldkassiererin beim Wasserwerk des Kauai-Hau-Distrikts und ging dieser Arbeit vier Jahre lang nach.

Sie wollte keinen Acht-Stunden-Arbeitstag, da sie immer noch erste Haushälterin auf dem Landsitz der vornehmen Dame war. Weil sie deswegen mehr Zeit brauchte und flexibel sein mußte, bat sie darum, statt eines festen Gehalts zehn Prozent der kassierten Gelder zu bekommen.

Der Kampferbaum

Sie arbeitete sehr hart, um ihre Familie finanziell versorgen zu können. Sie ruhte sich kaum einmal aus, zwang sich, ihre Sorgen zu verbergen, bis sie schließlich einen Nervenzusammenbruch hatte. Sie hatte auch schmerzhafte Unterleibsbeschwerden, einen Tumor in der Gebärmutter, der operiert werden mußte, und aufgrund ihres Asthmas ein Emphysem, weswegen sie keine Betäubung bekommen durfte. Sie war verzweifelt.

Sie setzte sich oft unter den großen Kampferbaum, schaute zum Himmel hoch, meditierte und betete.

Eines Tages betete sie: »Gott, wenn du Ohren und Augen hast, dann schau mich an in meiner traurigen Lage. Ich bin noch keine 35 Jahre alt und fühle mich bereits wie 60. Ich kann aufgrund der Schmerzen im Bauch nicht aufrecht gehen. Oft kann ich noch nicht einmal atmen. Ich weiß nicht, wie ich es schaffen soll, gesund zu werden. Zeige mir den Weg, wenn ich weiterleben soll. Ich brauche *Hilfe*. Ich bin dankbar dafür, am Leben zu sein, aber Gott, mache mich stark, mache mich gesund; denn ich bin bereit, dir zu dienen.«

Da hörte sie innerlich eine Stimme, die aus dem Himmel kam und sagte: »Ja, du hast viele Sorgen. Höre gut zu... das wichtigste ist, dich um deine Gesundheit und die deiner Familie zu kümmern. Wenn du bei guter Gesundheit bist, wirst du auch wohlhabend sein, denn dann kannst du arbeiten und Geld verdienen. Dann wirst du Glück, Sicherheit und ein langes Leben gewinnen.«

Sie neigte ihren Kopf zum Boden und sagte: »Danke, danke. Aber ich weiß nicht, wie. Zeige mir den Weg. Ich werde annehmen, ich werde annehmen.«

Ihr war nicht bewußt, daß sie diese Worte so laut gesagt hatte, aber sie mußten das Universum tatsächlich erreicht haben, denn drei Wochen später begann sich ihr Leben völlig zu ändern.

Eine ihrer Schwestern starb an Wundstarrkrampf. Sie war erst 25 Jahre alt und seit einem Jahr verheiratet gewesen. Sie konnte ihren Eltern dieses schreckliche Ereignis nicht in einem Brief mitteilen. Sie mußte nach Japan fahren und ihnen die Nachricht persönlich überbringen. Dann würde sie in Japan die Klinik aufsuchen, in der auch ihr Mann behandelt worden war.

SORGE FÜR GUTE GESUNDHEIT

Die Eltern

Hawayos Eltern, die Kawamurus, waren nach Kauai ausgewandert und hatten Japan 40 Jahre lang nicht mehr besucht. 1935 hatten sie beschlossen, daß es jetzt an der Zeit sei, für ein Jahr auf Urlaub nach Japan zurückzukehren. Bevor sie Kauai verließen, hatte Hawayo zu ihnen gesagt: »Renoviert euer Haus, und modernisiert es. Ihr habt auf Hawaii gelebt und seid Komfort gewöhnt. Ihr wißt, daß in Japan immer noch alles sehr altertümlich ist. Ich möchte, daß ihr in der Küche fließend Wasser legen laßt, damit ihr Wasser aus dem Hahn habt und es nicht vom Brunnen hertragen müßt. Laßt euch elektrischen Strom legen, damit ihr Licht habt. Und baut eine Wassertoilette ein. Dann werdet ihr es bequem haben und könnt planen, ein Jahr zu bleiben.«

Jetzt war sie diejenige, die diese tieftraurige Nachricht übermitteln mußte. Das war ihre Pflicht. Sie konnte ihnen nicht schreiben und damit einen Schrecken einjagen. Sie mußte es ihnen persönlich und behutsam beibringen.

Ihre Schwägerin wollte sie begleiten und ihr den Weg zum Haus ihrer Eltern in Yamaguchi zeigen. Sie würde ihre beiden Töchter als Gesellschaft für Hawayos jüngste Tochter mitbringen und die von Trauer gebeugte Hawayo seelisch stützen.

Hawayo hatte auch die Asche ihres Mannes bei sich in der Hoffnung, ihm im Tempel von Ohtani ein zweites Begräbnis verschaffen zu können.

Auf dem Schiff traf sie einen buddhistischen Geistlichen aus Kona, der sich im Haupttempel in Kyoto niederlassen wollte. Er war freundlich und sehr liebenswürdig und bot ihr an, solange auf die Urne zu achten, bis sie – als guter Mensch, der sie war – zum Tempel kam, um sich um ein zweites Begräbnis für Saichi Takata zu kümmern. In der Zwischenzeit mußte sie ihren Eltern gegenüber ihre Pflicht erfüllen.

Sie hatte das Gefühl, daß die Erleichterung, die ihr dieses Angebot verschaffte, und die Freundlichkeit eines Fremden Teil des Planes waren, den Gott für sie hatte.

Und so nahmen Hawayo und ihre Mitreisenden den Zug nach Yamaguchi.

Als sie im Haus ihrer Eltern ankamen, waren ihr Vater und ihre Mutter überglücklich. Hawayo schaute ihre Schwägerin an, und sie sagten sich mit stummen Blicken: Nicht heute, nicht heute. Sie sind zu glücklich. Zuerst die Liebe und dann die Pflicht.

Das Haus war sehr gemütlich. Neue Shoji-Türen, neue Tatamis auf den Fußböden, fließend Wasser in der Küche, und auf der Veranda gab es eine Kammer mit einer Wassertoilette. Wie passend für Menschen aus Hawaii! Sie sprachen über vieles, und ihre Eltern waren so glücklich.

Am nächsten Morgen schauten die beiden Frauen sich an und flüsterten: »Nach dem Frühstück, ja, nach dem Frühstück.«

Sie bereiteten gerade ein schönes Frühstück mit den Lebensmitteln vor, die sie aus Hawaii mitgebracht hatten – Kona-Kaffee, Pfannkuchen und Wiener Würstchen –, als ein Mann auf einem Fahrrad kam.

Er hielt einen Brief in der Hand und grüßte ihre Eltern sehr freundlich und ernst. Er verbeugte sich ganz tief, und nach der Begrüßung sagte er: »Ich habe gehört, daß Ihre Tochter, Hawayo, aus Hawaii zurückgekommen ist, und ich nehme an, daß Sie die traurige Nachricht vom Tod Ihrer anderen Tochter bereits erfahren haben. Oh, es tut mir leid, wenn Sie nicht wußten, daß sie gestorben ist. Hat Hawayo Ihnen die Nachricht nicht überbracht?«

Herr Kawamuru blieb der Mund offenstehen.

Die jungen Frauen konnten das Gespräch in der Küche hören. Die Schwägerin drängte Hawayo und sagte: »Jetzt ist es Zeit. Raus aus der Küche. Laß deinen Kopf tief hängen, und setz dich vor deinen Vater hin. Beuge den Kopf, bis er den Boden berührt, und sage: ›Es tut mir leid. Verzeih mir. Ihr wart gestern einfach zu glücklich, und wir wollten euch den Tag nicht verderben, aber das mit meiner Schwester stimmt. Es ist wahr.‹ Sage das einfach. Dann mußt du nicht sagen, daß sie gestorben oder verschieden ist. Das hat der Mann gesagt. Du mußt also nur bestätigen, daß es wahr ist.«

Als sie sagte: »Es ist wahr. Es ist wahr«, verschluckte sie sich und brachte die Worte »verzeih mir« und »es tut mir so leid« kaum noch heraus. Ihr Vater wartete einen Augenblick, und dann war er es, der ihr die Hand auf die Schulter legte und sagte: »Oh, du hast zehn Tage und Nächte lang auf dem Schiff gelitten, wo du nichts als Wasser und Wellen gesehen hast, und ich bin sicher, daß du die ganze Zeit daran gedacht hast, wie du die Nachricht abmildern könntest. Wie kann ich da auch nur eine Träne vergießen? Jetzt nicht mehr. Ich werde keine Träne vergießen. Du hast all das Leid auf dich genommen, und ich teile es mit dir. Trockne deine Tränen. Und hebe deinen Kopf.«

Ihre Mutter sagte: »Auch ich werde keine Tränen vergießen. Was machen wir also? Wir wissen, was unserer Tochter widerfahren ist. Wir wollen uns alle Schuhe anziehen und uns ganz schnell beeilen. Kommt, laßt uns zur Kirche gehen. Wir werden für sie beten und eine Messe abhalten. Nur auf diesem Wege können wir sie erreichen, und sie wird es zu schätzen wissen.

Laßt uns also in die Kirche gehen.« Sie standen auf, um sich für die Kirche umzuziehen.

Der Mann mit dem Fahrrad war völlig verblüfft. Er wußte nicht, was er sagen sollte, aber schließlich öffnete er den Mund und brachte hervor: »Das ist eine sehr gute Idee. Ich werde mich auf mein Fahrrad setzen und alle Nachbarn informieren, damit sie in der Kirche sind, wenn ihr eintrefft. Ich bin sicher, daß der Gottesdienst allen helfen wird.« Nachdem er dies gesagt hatte, radelte er davon.

Als die Familie in der Kirche ankam, waren die Leute bereits versammelt. Alle trugen Arbeitskleidung. Sie hatten sich nicht die Zeit genommen, sich für die Kirche umzuziehen, aber sie waren gekommen. Der Geistliche stand an der Tür und sagte: »Kawamuru-San, wir haben es gehört und haben Sie erwartet. Kommen Sie bitte herein, und setzen Sie sich. Der Gottesdienst wird sofort anfangen.«

Der Gottesdienst war schön, und sie fühlten sich danach besser. Anschließend bot die Frau des Geistlichen ihnen Tee und Kekse an, und sie unterhielten sich eine Weile, bevor sie nach Hause zurückkehrten.

An diesem Abend machten Hawayo und ihre Schwägerin nach dem Essen Pläne, mit ihren Eltern und den Kindern fünf oder sechs Tage lang nach Süden nach Beppu zu den Badequellen zu reisen. Dann würden sie nach Hiroschima zurückkehren, wo Hawayos Großmutter in der Nähe ein großes Haus mit Obstgärten, Reisfeldern, Gemüsegärten und sogar einem kleinen Strand mit Muscheln und Austern besaß. Dort würden sie mehrere Tage bleiben und ihre Eltern für einen noch längeren Besuch zurücklassen. Hawayo würde dann nach Tokio in die Maeda-Klinik fahren.

Ehre deine Eltern

II

Takata findet zu Reiki

Operation nicht erforderlich

Frau Takata ging also in das Maeda-Krankenhaus in Akasaka. Dies war das Krankenhaus, in dem ihr Mann behandelt worden war, und sie wurde bei ihrer Ankunft freundlich begrüßt. Dr. Maeda warf einen Blick auf sie und sagte ihr gleich, daß sie Ruhe brauche und es sich gutgehen lassen solle. Seine Schwester, die Diätköchin, würde ihr gutes Essen bereiten, und sie solle diesen Platz als ein Erholungshotel betrachten, ausruhen, sich entspannen, zu innerem Frieden gelangen, genießen und ein paar Pfund zunehmen. Im Verlauf der nächsten drei Wochen wurde sie gründlich untersucht und geröntgt und man sagte ihr: »Sie haben einen Tumor, Gallensteine und eine Blinddarmentzündung. Deshalb haben Sie ständig Bauchschmerzen.«

Die Operation wurde für den nächsten Morgen um sieben Uhr früh angesetzt.

Am nächsten Morgen kam die Krankenschwester und bereitete sie auf die Operation vor. Dann brachte sie sie zum OP und half ihr auf den Operationstisch. Die Chirurgieschwester legte die Instrumente für die Operation zurecht. Die Ärzte wuschen sich am Waschbecken. Sie hörte das Wasser laufen und hörte sie reden. Sie lag sehr still auf dem Operationstisch.

Da hörte sie ganz plötzlich eine Stimme. Sie öffnete ihre Augen und schaute sich um. Die Stimme schien keinem der Menschen im Raum zu gehören, aber sie sagte: »Operation nicht erforderlich, Operation nicht erforderlich.«

Als sie die Stimme zum ersten Mal hörte, dachte sie, ›Ich bin einfach durchgedreht, verrückt. Jetzt höre ich sogar schon Stimmen.‹

Aber als sie die Stimme zum zweiten Mal sagen hörte: »Operation nicht erforderlich«, kniff sie sich selbst und dachte: ›Ich fühle, wie ich mich kneife. Ich darf mich nicht so gehenlassen. Aber wenn ich das noch mal höre, werde ich es glauben.‹

Beim dritten Mal war die Stimme lauter: *»Operation nicht erforderlich.«* Was sollte sie jetzt tun?

Die Stimme sagte: *»Frage, Frage, Frage.«*

»Wen soll ich fragen?«

Die Stimme entgegnete wieder: *»Den Chefchirurgen, den Chefchirurgen, den Chefchirurgen«* und entfernte sich.

Sie kletterte vom Operationstisch und stand auf dem Fußboden. Die Krankenschwester sah sie, kam angelaufen und sagte: »Schauen Sie, was Sie getan haben! Jetzt müssen wir Sie noch einmal völlig neu sterilisieren. Was für ein Chaos haben Sie jetzt angerichtet. Wenn Sie zur Toilette wollten, hätten Sie doch fragen können, und ich hätte Sie direkt hier auf dem Bett abfertigen können!« Und sie schlug auf das Bett... »Sie haben alles zunichte gemacht!«

»Nein, keine Bettpfanne«, sagte Takata. »Ich möchte den Arzt sprechen.«

Der Arzt kam herein, die Hände in Handtücher gewickelt, da er sie schon für die Operation desinfiziert hatte, und fragte, weshalb es diesen Aufruhr gäbe. Als er sie dort im OP stehen sah, sagte er: »Schauen Sie nur, was Sie angerichtet haben! Jetzt müssen wir noch einmal ganz von vorn anfangen.«

Takata fragte: »Gibt es eine andere Möglichkeit?«

Der Chirurg fragte zurück: »Haben Sie Angst, sterben zu müssen?«

Sie entgegnete: »Nein. Dies ist eines der besten Krankenhäuser in Japan.«

»Haben Sie Angst vor der Operation?«

»Nein. Aber sagen Sie mir, gibt es einen anderen Weg?«

Er sagte: »Ja. Das hängt aber davon ab, wie lange Sie sich in Tokio aufhalten. Es kann Wochen, Monate, vielleicht sogar ein Jahr dauern. Man weiß es nicht. Alles hängt davon ab, wie gut Sie darauf ansprechen. Meine Schwester, die Diätköchin, wird Ihnen davon erzählen.«

Die Reiki-Klinik

Die Schwester des Arztes, die Diätköchin, hatte mit einem sehr schweren Anfall von Ruhr in der Keo-Universitätsklinik gelegen. Als sie ins Koma gefallen war, rief man ihre Tochter in der Schule an, sie solle sofort zu ihrer Mutter kommen.

Als ihre Tochter gerade die Schule verlassen wollte, hielt eine Freundin sie zurück und sagte ihr, sie solle zuerst zu Dr. Hayashis Reiki-Klinik, Shina No Machi, gehen, die sich gegenüber vom Krankenhaus auf der anderen Straßenseite befand.

Dort begrüßte Frau Hayashi sie, und das kleine Mädchen erklärte, daß ihr Großvater, Dr. Maeda, Professor für innere Medizin sei und ihre Mutter im Krankenhaus im Koma läge.

Dann bat sie, sie möge bitte mit ihr ins Krankenhaus kommen und schauen, ob sie ihrer Mutter helfen könne. Als Dr. Hayashi den Namen hörte, wußte er, daß der Professor sein eigener Onkel war. Nun erklärte er sich einverstanden, sofort mitzukommen.

Er gab der Kranken eine Reiki-Behandlung, und sie erwachte aus dem Koma.

Er gab ihr täglich Reiki, bis er sie entlassen konnte. Nachdem sie völlig genesen war, ließ sie sich in Reiki ausbilden.

Diese Frau wußte sehr gut, daß Reiki wirkte, und so nahm sie Takata mit in Hayashis Klinik.

Nach der Begrüßung zeigte Frau Hayashi ihnen einen Raum mit acht Massagetischen. An jedem Tisch arbeiteten zwei Reiki-Praktiker mit einem Klienten.

Als Takata an der Reihe war, legte sie sich auf einen Tisch. Der Mann, der an ihrem Kopf arbeitete, sagte ihr, daß ihre Augen sehr viel Energie verbrauchten. Sie müßten revitalisiert werden. Der andere Mann behandelte ihren Magen von der rechten Körperseite her und sagte: »Ich spüre, daß Sie große Schmerzen im Bereich der Gallenblase haben.«

Als er etwas tiefer ging, sagte er: »Sie haben eine Geschwulst... könnte ein Tumor sein, und ich spüre sehr viel schlechte Schwingungen im Bereich Ihres Blinddarms.«

Wie konnten sie das alles wissen? In der kurzen Zeit hatte das Hospital nicht die Diagnose schicken können. Sie kniff sich selbst, um sich zu vergewissern, daß sie nicht träumte, und beschloß, mit dem Fragen bis morgen zu warten.

Warum waren die Hände dieser Männer so heiß? Und warum vibrierten sie leicht?

Warum fühlten sich die Hände dieser Männer so anders an?

Am nächsten Tag in der Klinik schaute sie zur Decke, um herauszufinden, ob es dort eine Verbindung nach oben gab. Sie fand aber nichts dergleichen. Dann ließ sie die Geldbörse fallen, um unter diesem Vorwand unter dem Tisch nachzuschauen, ob dort irgendwelche Drähte wären. Sie fand nichts. Als der Behandler rechts von ihr an ihrem Magen arbeitete, griff sie nach seinen Ärmeln und rieb sie zwischen ihren Händen. Er war verdutzt, gab ihr aber dann ein Taschentuch und sagte: »Warum fragen Sie nicht, wenn Sie ein Taschentuch brauchen?«

Sie sagte: »Nein, kein Taschentuch. Wo ist die Batterie?«

»Welche Batterie?«

»Na, die Batterie, die Maschine!«

»Ich weiß nicht, wovon Sie sprechen!«

Sie sagte: »Es kommen keine Drähte von der Decke herunter, und auch unter dem Tisch befinden sich keine. Aber Ihre Hände sind so heiß. Wo ist die Batterie, die Maschine?«

Als sie das hörten, brachen alle in Lachen aus.

Ein Behandler lachte so heftig, daß er von seinem niedrigen Stuhl herunterfiel.

Dr. und Frau Hayashi kamen herein, um nachzuschauen, was denn so lustig war. Und dann lachten sie mit.

Vorbei war es mit der Würde und Etikette der Klinik!

Sei fröhlich

Der Weg

Nach drei Wochen täglicher Reiki-Behandlung ging es ihr viel besser. Sämtliche Beschwerden und Schmerzen waren verschwunden, und auch mit den Augen hatte sie keine Probleme mehr. Ihre Gesichtsfarbe war frischer als je zuvor, und ihre Lebenskraft kehrte zurück. Reiki stellte ihre Gesundheit wieder her.

Nach vier Monaten waren das Asthma und die Gallensteine verschwunden. Takata war wieder ganz gesund!

Sie hatte das sichere Gefühl, selbst Reiki erlernen zu müssen, um sich ihre Gesundheit zu erhalten.

Als sie ihre Freundin, die Diätköchin, fragte, ob sie Reiki lernen könne, erhielt sie zur Antwort: »Reiki ist ein gut gehüteter japanischer Schatz und nur für Japaner. Du aber bist Amerikanerin. Ich glaube, das kommt nicht in Frage.«

Und Amerikanerin war sie gewiß! Wenn sie etwas sehen wollte, bestand sie darauf und schaute es sich an. Wenn sie etwas wissen wollte, fragte sie nach.

So benahmen sich japanische Frauen nicht. Die durften in der Öffentlichkeit keine Gefühle zeigen oder Fragen stellen. Wenn sie unbedingt eine Antwort haben wollten, konnten sie eventuell später in der Abgeschiedenheit ihres Zuhauses ihren Mann fragen.

Diese Sitten respektierend, stellte sie keine weiteren Fragen mehr. Aber sie war entschlossen, Reiki zu lernen.

Können Sie sich noch an das Wasserwerk erinnern?

Sie meditierte und betete darum, einen Weg zu finden, um Reiki lernen zu können.

Eines Tages fragte der Chefarzt im Krankenhaus sie, wie es ihr ginge.

Sie erzählte ihm: »Nach der vierten Behandlung zeigte ich Reaktionen. 14 Tage und Nächte lang mußte ich immer wieder zur Toilette. So häufig, daß ich auf allen vieren in mein Zimmer zurückkriechen mußte. Und der Gestank war entsetzlich! Schlimm! Und ich konnte nur weichgekochten Reis essen und warmes Wasser trinken. Zum ersten Mal gehen konnte ich wieder am 24. Dezember, meinem Geburtstag. Und am 25. Dezember war ich ein anderer Mensch. Das Asthma und sämtliche anderen Beschwerden und Schmerzen waren verschwunden. Ich habe keine Kopfschmerzen und keine Probleme mit den Augen mehr. Ich fühle mich einfach großartig und so leicht wie eine Feder. Mein ganzer Körper ist verjüngt. Ich habe sieben Kilo zugenommen und bin um zehn Jahre jünger geworden. Ich kann solange laufen, wie ich möchte, und rennen und pusten wie der Wind. Ich habe soviel Farbe im Gesicht wie nie zuvor, und ich werde jeden Tag kräftiger. Ich bekomme diese Behandlungen und werde gesund, und nun möchte ich selbst Reiki erlernen. Bitte, Herr Doktor, helfen Sie mir.«

»Ah, das steht auf einem anderen Blatt«, sagte er. »Diese Leute haben ihre Regeln, und ich glaube, unser Verband wird keine Ausnahmen dulden. Da kann ich nichts machen.«

»Doch, das können Sie!« entgegnete sie schnell. »Ich weiß, daß Sie helfen können, denn Sie sind der größte Menschenfreund. Erzählen Sie doch bitte Dr. Hayashi, daß Frau Takata hierherkam, um sich besser zu fühlen, und daß sie gesund sein möchte, aber nicht jedesmal nach Japan kommen kann, wenn sie eine Behandlung braucht. Sie möchte also, während sie hier ist, Reiki lernen, und wird damit sich selbst und ihrer Familie helfen. Alles, was sie möchte, ist, sich und der Familie zu helfen, um auf eigenen Füßen stehen und ihre Familie unterstützen zu können, damit diese etwas länger lebt. Die Familie verliert Kinder, die erst 18, 20 oder 25 Jahre alt sind, und dieses Leben ist zu traurig. Wirklich zu traurig. Ich bin erst 35, und ich möchte nicht sterben. Auf diesen Punkt müssen Sie ganz besonders hinweisen und sagen: ›Dr. Hayashi, retten Sie ein Leben, retten Sie eine Familie.‹ Sie können das sagen, denn Sie sind ein wirklich großer Mann.«

Er faltete die Arme vor der Brust, schaute ihr scharf in die Augen, runzelte die Brauen und sagte: »Aha, ich sehe, Sie meinen das wirklich ernst. Sie sind fest entschlossen. Sind Sie bereit, den Preis zu zahlen?«

Ihre Antwort lautete: »Warum nicht, wenn ich mein Leben kaufen kann? Ohne Leben bin ich nichts und niemand. Wenn ich dazu imstande bin, werde ich den Preis zahlen.«

Er fragte sie, wie sie bezahlen wolle. Sie sagte: »Ich habe ein Haus. Ich werde es verkaufen und Ihnen das Geld schicken.«

Er wandte besorgt ein: »Aber dann haben Sie kein Dach mehr über dem Kopf.«

Darauf erwiderte sie sofort: »Machen Sie sich darüber keine Sorgen. Wenn es dazu kommt, werde ich es übernehmen, mir

Sorgen zu machen. Aber Sie brauchen sich darüber keine Gedanken zu machen. Nein. Das ist nicht der Rede wert. Ich bin erst 35 Jahre alt. Wenn ich 50 bin und es mir gutgeht, habe ich vielleicht zwei Häuser. Aber was bedeutet mir ein Haus, wenn ich sterbe? Dann habe ich gar nichts. Bitte, Herr Doktor.«

Er sah ernst aus, als er sagte: »Ja, ich werde es versuchen. Ich kann nichts versprechen, aber ich versuche es. Kommen Sie morgen früh im Büro vorbei. Dort wird ein Brief für Sie liegen. Nehmen Sie ihn mit zu Dr. Hayashi. Geben Sie ihn Frau Hayashi.«

Statt den Brief seiner Sekretärin in die Schreibmaschine zu diktieren, schrieb der gute Doktor ihn selbst.

Mit der Hand. Mit einem Pinsel. Auf einer Papierrolle, die über zwei Meter lang war.

Als Dr. Hayashi den Brief öffnete, war er *sehr* beeindruckt.

Er sagte: »Ah, ich kann diesen Brief nicht ignorieren. Dieser handgeschriebene Brief von einem so großartigen Arzt ehrt mich sehr. Und er bittet mich als Freund und Mensch, Takata und ihre Familie zu retten, da ich ihre Lebensumstände kenne. Sie lebt so weit weg. Sie braucht es ganz dringend. Dann kann sie sich und ihrer Familie helfen. Damit kann Reiki etwas ganz Großartiges und Edles tun.«

Er berief eine Versammlung der Usui Light Energy Research Association ein und zeigte ihnen den Brief. Er erklärte, wie er dazu stand, und fragte, ob sie mit ihm darin übereinstimmten, daß es eine gute Sache wäre, Takata als Reiki-Praktikerin zuzulassen.

Und so erhielt Takata die Erlaubnis, Reiki zu lernen..., nachdem ihr das Versprechen abgenommen worden war, in Japan zu bleiben und ein Jahr lang täglich in der Reiki-Klinik zu arbeiten.

SEI FREUNDLICH ZU ALLEN LEBEWESEN

Takatas Aufnahme

Nachdem jetzt ihre Gesundheit wiederhergestellt und sie zum nächsten Kursus für Reiki-Praktiker zugelassen worden war, kümmerte sie sich um die familiären Angelegenheiten zu Hause. Dann zog sie um in Dr. und Frau Hayashis Haus, wo sie während ihres Praktikums wohnen würde.

Zusammen mit den anderen Reiki-Schülern wurde sie von Dr. Hayashi initiiert, die Universelle Lebensenergie zu empfangen. Er erklärte, daß der Abschluß des ersten Reiki-Grades in vier Schritten vor sich gehen und vier Tage dauern würde.

Am ersten Tag wurden der Klasse die Grundpositionen für die Behandlung oberhalb des Nackens – Kopf, Augen, Nase und Hals – beigebracht,und sie erfuhrenvon den Beschwerden und Krankheiten, die in diesen Bereichen auftreten können.

Man zeigte ihnen, wie sie Nasenbluten stoppen sowie Augenleiden und Erkrankungen des Mundraums wie Krebs oder Krebswunden behandeln konnten. Sie lernten auch, die Schilddrüse zu revitalisieren und Hals- und Mandelentzündungen und Diphtherie aufzuhalten.

Am zweiten Tag ging es im Unterricht um die Behandlung der Körpervorderseite, Brustkorb, Herz, Leber, Gallenblase, Bauchspeicheldrüse, Magen, Dünndarm, Dickdarm, Blase sowie Uterus und Eierstöcke bei der Frau.

Als sie in späteren Jahren selbst unterrichtete, sagte sie immer: »Die Hälfte der Behandlungszeit sollten Sie hier verbringen, denn das ist die Hauptfabrik. Hier werden die aufgenommenen Brennstoffe verarbeitet und zu den Plätzen befördert, an denen sie benötigt werden.«

Am dritten Tag ging es in den Unterrichtsstunden um Rücken, Wirbelsäule, Nacken, Sympathikusnerv, Lungen, Adrenalindrüsen, Nieren, Milz und die Prostatadrüse beim Mann. Man zeigte ihnen, wo und wie sie ihre Hände auflegen konnten, damit die Lebensenergie in den Körper des Klienten floß, um seine Verfassung zu verbessern oder sein Leiden zu beheben.

Am vierten Tag sprach Dr. Hayashi über die Heilung von akuten Erkrankungen und Unfällen. Er redete auch lange über die spirituelle Seite von Reiki und besprach ausführlich die fünf Gebote, die Dr. Usui entwickelt hatte.

1. Lasse allen Ärger los.
2. Lasse alle Sorgen los.
3. Sei dir all dessen bewußt, womit du gesegnet bist; ehre deine Eltern, Lehrer und Nachbarn; schätze deine Nahrung, und vergeude nichts.
4. Verdiene dein Brot mit ehrlicher Arbeit.
5. Sei freundlich zu allen Lebewesen.

Man lehrte sie, daß alles eine Ursache und eine Wirkung hat und das die Wirkung verschwindet, wenn man die Ursache beseitigt. Reiki funktioniert so lange, wie der Praktiker es anwendet und stetig nutzt.

Jeder bekam eine Liste von Beschwerden und Hinweisen, wo nach ihrer Ursache geforscht werden konnte.

In späteren Jahren als Lehrerin hielt sie sich daran, was sie hier gelernt hatte: daß es besser war, vom Verteilen schriftlicher Unterlagen sowie schriftlicher oder auf Kassette aufgenommener Notizen während des Unterrichts abzusehen. Sie war der Meinung, daß die Reiki-Praktiker sich dadurch veranlaßt sehen könnten, Diagnosen und Rezepte auszustellen, was aber den Medizinern überlassen werden sollte.

Das Praktikum

Der Ablauf an Hayashis Reiki-Klinik verlief nach einem Zeitplan, der sich seit Jahren gut bewährt hatte. Takatas einjähriges Praktikum bildete da keine Ausnahme. Jeden Morgen von sieben bis zwölf behandelten die Reiki-Praktiker alle, die in die Klinik kamen. Sie arbeiteten in Paaren, 16 Praktiker behandelten acht Klienten. Wenn die Behandlung eines Klienten abgeschlossen war, wartete schon der nächste. Dann nahmen sie sich eine Stunde Zeit für das Mittagessen und machten anschließend Hausbesuche bei einzelnen Klienten. Jeder Praktiker suchte einen Klienten zu Hause auf und gab ihm eine ein- bis anderthalbstündige Behandlung.

Manchmal mußten sie mehrere Stunden mit dem Zug zu einem Klienten fahren, der behandelt werden sollte. Ihre Klienten hatten die unterschiedlichsten Lebenshintergründe. Takata begleitete Dr. Hayashi bei seinen Reiki-Behandlungen in einige sehr reiche Häuser. Sie hatte sogar Gelegenheit, eine kleine Prinzessin zu behandeln.

Meistens waren sie gegen sieben Uhr abends wieder zu Hause. Dann fand Takata heißes Wasser für ein Bad und eine warme Abendmahlzeit vor.

Als sie am Ende ihres einjährigen Praktikums zur Prüfung kam, teilte ihr Dr. Hayashi mit, wie er ihre Leistungen als Praktikerin in der Reiki Klinik einschätzte. Er stellte fest, daß sie sich bei keinem Hausbesuch verirrt hatte, obwohl sie sich in Tokio nicht auskannte. Der Klient rief nach Beendigung der Behandlung immer an und erzählte Dr. Hayashi, wann sie eingetroffen, wie die Behandlung verlaufen und wann sie gegangen war. Sie hatte viele unterschiedliche Beschwerden erfolgreich behandelt. Sie hatte ihr Praktikum glänzend bestanden und konnte jetzt selbständig praktizieren.

Dr. Hayashi gratulierte ihr und sagte ihr, sie sei jetzt bereit für den *Oku Den*, den zweiten Grad... wenn sie es sich leisten könne.

1936 bezahlte sie fünfhundert US-Dollar für die Ausbildung zum zweiten Grad und kehrte dann nach Kauai zurück.

Ehre deine Lehrerinnen und Lehrer

Die Unschuld vom Lande

Gelegentlich bezeichnete sich Takata als »Unschuld vom Lande«. Sie war im Umgang mit Menschen immer sehr aufrichtig. Wollte sie etwas wissen, fragte sie direkt, wenn auch taktvoll nach. Sie respektierte die Gefühle anderer Menschen und behandelte sie sehr entgegenkommend. Es war sehr angenehm, sie als Gast zu haben. Sie paßte sich der Art von Gastfreundschaft an, die man ihr bot, und segnete jedes Haus, in dem sie eine Nacht verbrachte, auf eine ganz spezielle Weise. Sie war auch sehr vertrauensvoll... sie ging davon aus, daß andere Menschen ebenso aufrichtig und vertrauenswürdig waren, wie sie sich selbst einschätzte..., und dieser Zug machte sie verletzlich im Umgang mit Menschen, so daß sie manchmal ausgenutzt wurde.

Sadie

Eines Tages traf Takata eine Frau aus Hawaii, die depressiv und so energielos war, daß sie sich nicht richtig um ihr Geschäft kümmern konnte. Da sie ihr leid tat, gab Takata ihr in ihrer Wohnung eine Woche lang Behandlungen. Dann nahm sie sie mit in Dr. Hayashis Klinik und sagte ihr, sie solle solange dorthin kommen, bis ihre Gesundheit wiederhergestellt war.

Takata fand schnell heraus, daß diese Frau noch weitere Sorgen hatte. Während sie sie behandelte, sprach Takata von ihrer Rückkehr nach Hawaii und erzählte, daß Dr. Hayashi und seine Tochter sie dort besuchen wollten.

Mit einem tiefen Seufzer sagte Sadie: »Ich wünschte, ich könnte nach Hause zurückkehren. Wenn ich nach Hawaii zurückginge, würden alle meine Schwierigkeiten aufhören.«

Takata fragte: »Wieso können Sie nicht einfach nach Hause zurückkehren?«

Sadie entgegnete: »Ich habe hier meinen Laden eröffnet und möchte gern solange bleiben, bis ich weiß, daß er in guten Händen ist, wenn ich gehe. Ich habe viele Sorgen.«

Takata sagte daraufhin: »Der Winter muß für Sie sehr schwer sein. In Hawaii würden Sie sehr viel schneller wieder gesund werden.«

Sadie sagte: »Aber ich habe nicht die Mittel, um nach Hawaii zurückzukehren.«

Takata erwiderte: »Ich werde Ihnen helfen.«

Als der Tag kam, an dem Sadie wieder gesund war, sagte sie zu Takata: »Ich bin Ihnen sehr dankbar. Machen Sie sich keine Sorgen, ich werde nach Honolulu zurückkehren und Sie bezahlen können.«

Als Takata in Yokohama ankam, um das Schiff nach Hawaii zu nehmen, sah sie Sadie, die auf einem Koffer saß und weinte. Sie fragte sie: »Warum die Tränen? Freuen Sie sich nicht darauf, nach Hause zu fahren?«

Schluchzend klagte Sadie: »Meine Gläubiger sagen, ich könne nicht von hier weggehen.«

»Gläubiger?«

»Ja, um den Laden eröffnen zu können, habe ich Geld geliehen, und sie möchten wissen, wer dafür bürgt.«

Takata fragte: »Nun, glauben Sie, daß Sie ihnen das Geld schicken können, wenn Sie wieder in Hawaii sind?«

Sadie antwortete: »Ja, ich bin sicher. Aber nicht gleich im ersten Monat, denn ich weiß nicht, wie meine Situation dort aussehen wird.«

Takata fragte: »Um wieviel Geld geht es denn eigentlich?«

»250 Dollar.«

»Dann kann ich Ihnen helfen. Aber sorgen Sie dafür, daß Sie Ihre Gläubiger jeden Monat bezahlen, wenn Sie wieder in Honolulu sind.«

Das versprach sie. Und so lieh ihr Takata Geld, und Sadie konnte dasselbe Schiff nehmen. Sie bekamen sogar dieselbe Kabine zugeteilt.

Am Morgen vor dem Ankunftstag wurde Takata sehr schwer krank. Sie rief nach Sadie, aber diese war nicht da. Sie ging zur Toilette, immer wieder, bis sie schließlich auf allen vieren zu ihrem Bett zurückkriechen mußte.

Einer der Stewards fand sie im Flur und fragte sie, ob sie krank sei. Er half ihr ins Bett zurück.

Als sie am nächsten Morgen in Honolulu ankamen, half ihr der Zahlmeister ins Eßzimmer, setzte sie in einen Stuhl und sagte ihr, sie solle erzählen, daß sie seekrank sei, wenn der Beamte von der Einwanderungsbehörde sie frage, was mit ihr sei. Sonst würde das Schiff vielleicht unter Quarantäne gestellt werden. Als »seekrank« wurde Takata zurück in ihre Kabine geschickt und blieb dort, bis sie eine Nachricht an das Hotel schicken konnte, daß man sie abholen möge. An Land suchte sie einen Arzt auf, der sagte, es handele sich um Leichengift oder etwas anderes sehr, sehr Schädliches für den Magen. Sie war so schwach, daß sie eine Woche ruhen mußte, bevor sie nach Kauai weiterreisen konnte.

Kapaa

Als Takata 1936 ihr Praktikumsjahr in Hayashis Reiki-Klinik in Tokio abgeschlossen hatte und mit dem Schiff nach Kauai zurückgekehrt war, hatte sie keinerlei Absichten, Reiki professionell zu betreiben; dazu kam es erst, nachdem sie ihren Familienangehörigen und Freunden erfolgreich geholfen hatte. Danach begann sie ihre Dienste Menschen anzubieten, die Heilung brauchten. Und allmählich verbreitete sich die Nachricht von ihren Fähigkeiten und ihrer Bereitschaft, Menschen zu behandeln, und man begann, ihre Hilfe zu suchen.

Ihr erster Patient war ihr Schwager, der an chronischen Magen- und Verdauungsproblemen litt.

Ein fünfjähriges Mädchen, das zweimal wegen Mastoiditis operiert worden war, brauchte eine weitere Operation, um die entzündlichen Herde trockenzulegen. Takata gab ihr regelmäßig Behandlungen, wobei sie dem geschwollenen Bereich mehr Zeit widmete. Schon bald kam es zu einem Durchbruch, und die alte Wunde öffnete sich und trocknete fünf Tage lang aus. Am sechsten Tag waren die abgesonderten Flüssigkeiten klar, und die Wunde schloß sich. Die Gesundheit des Mädchens verbesserte sich insgesamt, und im nächsten Jahr besuchte sie den Kindergarten ohne weitere Anzeichen irgendwelcher gesundheitlichen Schwierigkeiten.

Ein Mann in den mittleren Jahren war am Blinddarm operiert worden. Die Wunde heilte nicht und mußte mit einer Kanüle ausgetrocknet werden, weswegen er in der Klinik bleiben mußte. Sie ging dorthin und gab ihm Reiki-Behandlungen vor allem im Bereich der Bauchspeicheldrüse. Die Operationswunde trocknete gut, und nach vier Tagen konnte er entlassen werden. Seine Selbstheilungskräfte waren nur schwach entwickelt, da er Diabetiker war.

Dann gab es einen Menschen, der seit 17 Jahren chronisches Asthma hatte. Nach viermonatiger Behandlung war er voll genesen, hatte zugenommen und konnte wieder ganztags als Schreiner und Maler arbeiten. In dieser kleinen Stadt auf der kleinen Insel verbreiteten sich Nachrichten sehr schnell von Mund zu Mund. Als Takata eines Morgens ihre Haustür öffnete, standen dort zehn Menschen, die auf sie warteten. Jeder wollte der erste sein, dem sie sich zuwandte. Einer war hundert Kilometer weit gereist. Ein anderer behauptete, am meisten zu leiden. Und so ging es fort.

Da Takata nicht wußte, wie sie mit dieser Situation umgehen sollte, rief sie den Postmeister am Ort, einen Freund der Familie, damit er Ordnung in das Chaos brachte. Es waren zu viele Menschen für einen Tag, deswegen sagte er ihnen, sie sollten nach Hause gehen und regelmäßig die Regionalzeitung lesen. Sobald Takata sich eine Praxis eingerichtet hätte, sollten sie telefonisch einen Termin mit ihr vereinbaren, und so würden sie alle zur rechten Zeit an die Reihe kommen. Er riet Takata auch, sich eine Lizenz zu besorgen, sich einen Raum für die Behandlungen zu mieten, sich Telefon legen zu lassen und Klienten nur nach Vereinbarung anzunehmen.

Im Oktober 1936 eröffnete sie ihre Praxis in Kapaa.

Weiteres über Sadie

Einen Monat später trafen Dr. Hayashi und seine Tochter in Kauai ein, begleitet von Sadie, die »mitkam, um ihnen Gesellschaft zu leisten, da sie doch Fremde sind«.

Sie hielten einen Reiki-Kurs ab, und Sadie sagte: »Beeilen Sie sich, nach Honolulu zu kommen. Verschwenden Sie keine Zeit auf dieser kleinen Insel. Die Menschen in Honolulu warten schon auf Sie, und ich werde helfen, Sie bekannt zu machen.«

Die Hayashis und Takata wohnten in Honolulu im selben Hotel. Jeden Tag zum Frühstück stellten sich auch Sadie und ihr Mann ein und ließen das Frühstück auf Takatas Rechnung setzen. Als diese das entdeckte, sagte sie der Hotelleitung, sie wolle nur für die Hayashis und sich zahlen. Takata fand ein Hotel, wo sie zwei kleine Bungalows mieten konnten. Der Hoteldirektor sagte zu ihr: »Sie und Ihre Tochter können sich einen Bungalow teilen und Dr. Hayashi und seine Tochter den anderen. Dann haben Sie genug Platz, um Besucher zu interviewen und Reiki-Kurse abzuhalten.«

Am nächsten Morgen nach dem Frühstück beförderten sie ihr Gepäck zu den Bungalows des neuen Hotels. Als sie ankamen, war der Hoteldirektor nicht da, und der Portier sagte ihnen, er habe Anweisungen, sie nicht hereinzulassen.

Man ließ sie nicht als Gäste zu! Damit stellte er ihre Koffer auf den Bürgersteig.

Takata war verwirrt. Sie fühlte sich gedemütigt und als Fremde in der Stadt. Sie ging die Straße entlang zu einem anderen Hotel und stellte fest, daß der Hoteldirektor dort ein Mann war, den sie aus Kauai kannte. Er brachte sie zu einem weiteren Hotel, wo sie sich für die nächsten vier Monate in zwei Bungalows niederließen. Takata mietete die Räumlichkeiten des Vereins christlicher junger Männer und Frauen und Dr. Hayashi hielt kostenlose Vorträge über Reiki, bei denen Takata Reiki demonstrierte. Die Zeitungen berichteten darüber, und allmählich erfuhr die Öffentlichkeit von Reiki.

Am Samstag kam Sadie zu Takata und bat sie, ihr 25 Dollar zu leihen. Sie sagte: »Mein Mann ist sehr verärgert, weil Sie mir das Fahrgeld gezahlt und mich nach Honolulu zurückgebracht haben, und gibt mir keinen Penny. Sie müssen mir 25 Dollar leihen.« Sie kam jeden Samstag und lieh sich 25 Dollar.

Eines Samstags sah der Hotelbesitzer, wie Sadie Takata um Geld bat. Er sagte zu Sadie: »Ich möchte solche Leute wie Sie nicht in meinem Hotel haben. Gehen Sie bitte, und kommen Sie nie wieder.«

Als Takata über alles nachdachte, erkannte sie, wie Sadie sie ausgenutzt hatte. Sie schluckte ihre Tränen herunter und sagte sich, sie selbst sei eben auch nicht klüger als die Mädchen, die vom Land in die Großstadt kamen.

Dann erschien Sadie und bat sie um Geld für eine Fahrkahrte zurück nach Japan. Takata gab es ihr, weil sie froh war, daß Sadie das Land verlassen wollte. Vier Stunden später war die Frau zurück und bat wiederum um Geld für die Fahrkarte. Sie sagte, sie habe sich für das andere Geld, das Takata ihr gerade gegeben habe, Kleider gekauft. Sie könne schließlich nicht in den Kleidern zurückkehren, die sie aus Japan mitgebracht hätte.

Das war der Gipfel! Takata raste vor Wut!

Sie wandte sich an Dr. Hayashi und sagte: »Das... das... was da passiert... kann ich nicht dieses eine Mal wütend werden? Ich weiß, ich bin die Unschuld vom Lande, und sie saugt mich aus. Ich möchte einfach meine Arme gebrauchen, ihr ein blaues Auge hauen und sie die Treppe hinunterwerfen, damit sie nicht mehr wiederkommen kann!«

Hayashi sagte: »Wenn Sie an die Decke gehen, werden Sie sich selbst verletzen. Also ärgern Sie sich nicht.« Er lächelte, drehte sich um und ging davon.

Takata atmete tief durch und sagte sich: »Ich werde mich heute nicht ärgern.« Sehr freundlich sagte sie zu der Dame: »Sehen Sie diesen Hausflur und die Veranda dahinter und die sechs Stufen zum Gehweg hinunter? Bitte gehen Sie dort hinunter und durch die Pforte hinaus, und kommen Sie niemals wieder zu mir. Ich habe keine Ohren für Sie.«

Takata war entschlossen, nach den Lebensweisheiten des Reiki zu leben.

ÄRGERE DICH NICHT

Der Exorzist

Eine Witwe lebte mit ihrer Tochter am Rande eines Zuckerrohrfeldes. Die Tochter war erkrankt gewesen und wurde im Laufe der Zeit geistig immer gestörter. Die Witwe beschloß, sich nach Hilfe für ihre Tochter umzusehen. Sie sprach mit einem philippinischen *Kahuna* (Heiler) über die Krankheit ihrer Tochter, und er erzählte ihr, daß ihre Tochter besessen sei. Er könne ihr den bösen Geist austreiben und zwar mit Hilfe einer Zeremonie, die sie hundert Dollar kosten würde. Sie bezahlte ihn, und sie verabredeten eine Zeit für die Zeremonie.

An einem Samstag traf der Kahuna mit zwei Frauen ein, die ihm helfen sollten. Sie begannen die Zeremonie mit Gesängen. Einer von ihnen trommelte auf einer Pfanne, und die anderen beiden schwangen Rasseln. Dann fingen sie an zu tanzen, wobei sie ihre Stimmen laut und klar erhoben. Während sie im Haus, in dem sich die Witwe und ihre Tochter befanden, herumtanzten, fingen sie an, heftig mit den Füßen aufzustampfen und mit ungeheurer Lautstärke zu schreien, um den bösen Geist zu vertreiben.

Durch dieses Herumstampfen begann das Haus zu wackeln, und Münzen und Geldscheine fielen aus den Ritzen der hölzernen Bohlen der Wände und Decken. Wie man sieht, hatte die Witwe kein Vertrauen in die Banken und versteckte ihr Geld in den Ecken und Winkeln des Hauses.

Als ihre Nachbarn die lauten Stimmen, das Stampfen und Trommeln auf Pfannen und das Schreien des armen Mädchens hörten, während die Münzen auf sie alle herunterregneten, versammelten sie sich vor dem Haus, um zu sehen, was da vor sich ging. Feldarbeiter auf dem Weg nach Hause, die ihre Macheten bei sich trugen, mischten sich unter die Menge, um zu sehen, ob die Witwe Hilfe brauchte.

Einer der Aufseher schaute über die Felder und entdeckte die Versammlung vor dem Haus der Witwe. Als er näher hinsah, fielen ihm auch die Macheten auf. Er konnte trotz der Entfernung den Lärm hören und begann sich Sorgen zu machen, daß sich dort etwas zusammenbraute. Vielleicht entstand dort ein Aufruhr oder ein Streik. Was auch immer es war, es sah nach *großen Schwierigkeiten* aus.

Er hielt es für das beste, das Militär zu benachrichtigen.

Als die drei Jeeps mit bewaffneten Soldaten auf der Bildfläche erschienen, war das Schreien, Stampfen, Singen und Kreischen immer noch im Gange, und es bot sich ihnen ein ziemliches Tohuwabohu.

Sie legten dem Kahuna und seinen Helferinnen nahe, ihre Arbeit zu beenden und die Witwe und ihre Tochter allein zu lassen, damit sie das Chaos aufräumen konnten. Als die Nachbarn sahen, daß es den beiden Frauen gutging, kehrten sie nach Hause zurück.

Als sich nach diesem Vorfall alles wieder beruhigt hatte, bot Takata sich an, dem kranken Mädchen zu helfen. Reiki ist still, ruhig und entspannend. Aufgrund der Behandlungen war das Mädchen bald wieder bei guter Gesundheit.

SEI GUT ZU ALLEN

Sadies Rache

Als Takata ihre ruhige Verwarnung, Sadie solle gehen und niemals wiederkommen, ausgesprochen hatte, raste Sadie vor Wut. Während sie die Stufen hinabging, drehte sie sich um, schüttelte den Zeigefinger in Takatas Richtung und sagte: »Ich werde dich schon kriegen!« Und dann rannte sie den Gehweg entlang und zur Pforte hinaus.

Der Hoteldirektor sagte Takata, Sadie würde wahrscheinlich zur Polizei gehen und Anzeige erstatten, und dann würden sie kommen und Takata und Hayashi befragen.

Natürlich ging Sadie zur Einwanderungsbehörde und erzählte den Beamten tatsächlich: »Dr. Hayashi und Fräulein Hayashi sind als Touristen nach Hawaii eingereist, und jetzt halten sie hier Vorträge und lassen sich von den Zuhörern dafür bezahlen.«

Takata machte sich große Sorgen. Sie malte sich aus, wie die armen Hayashis abgeholt und erschossen werden würden.

Dr. Hayashi setzte seine Beratungsgespräche mit Besuchern in einem Privatzimmer fort. Etwa zehn Leute saßen dort, als zwei weiße Amerikaner hereinkamen. Der eine war der Fahrer und der andere ein gutgekleideter Geschäftsmann, der sich hinsetzte, eine Zeitung aufschlug und sich diese vors Gesicht hielt, während er sprach. Er sagte: »Ich bin gekommen, um Dr. Hayashi zu sehen.«

Takata entgegnete: »Der ist im Augenblick sehr beschäftigt.«

»Gibt er Beratungen?«

»Ja. Es sind einige Besucher hier.«

»Wieviel nimmt er?«

»Nichts. Alles ist kostenlos.«

»Selbst die Beratung?«

»Ja, und er gibt sie Ihnen privat. Wer zuerst kommt, ist zuerst dran. Sie müssen warten, bis Sie an der Reihe sind. Offensichtlich sind Sie zuletzt hereingekommen, also müssen Sie warten, bis alle anderen fertig sind.«

»Völlig in Ordnung. Ich habe Zeit.«

Sie fragte ihn: »Darf ich wissen, was für Beschwerden Sie haben?«

Daraufhin sagte er: »Ich habe Probleme mit dem Magen, sehr große Probleme.«

Takata sagte: »Oh, wirklich? Nun, das kommt schon in Ordnung. Er wird Ihnen helfen können. Ich bin sicher, Sie werden froh sein, daß Sie hergekommen sind.«

Innerhalb von etwa zehn Minuten wurde dieser Mann richtig krank. Er hatte entsetzliche Magenschmerzen und konnte weder stehen noch liegen bei diesen Krämpfen mit sämtlichen Begleiterscheinungen. Und so sagte er zu seinem Fahrer: »Bringen Sie mich ins Krankenhaus, schnell. Sonst werden Sie mich gleich hinausschleifen müssen, weil ich nicht mehr laufen kann!«

Der Fahrer holte den Wagen vor die Tür, setzte den Mann hinein und fuhr zum Krankenhaus.

Eine der Frauen, die auf eine Beratung gewartet hatte, ging nach draußen und kehrte zurück mit den Worten: »Frau Takata, Sie sind umgeben von Spionen. Vor diesem Hotel steht ein Polizist, und als ich aus der Tür kam, sagte er: ›Was hat Hayashi mit Ihnen gemacht?‹

Ich erzählte ihm: ›Oh, ich habe ihm in der Beratung Fragen gestellt.‹

Und er sagte: ›Und? Waren die Antworten befriedigend?‹

›Ja.‹

›Geht es Ihnen sehr gut jetzt? Wieviel hat er genommen?‹

›Umsonst, er hat kein Geld genommen.‹«

Der Polizist schrieb in Stenografie. Aber diese junge Frau war sehr gut in Stenografie und konnte lesen, was er schrieb. Sie schnappte sich das Buch, in das er schrieb, riß es in Stücke und sagte: »Sie Erzgauner! Sie schreiben lauter falsche Aussagen auf. Meine Güte, was für eine Schande!« Und sie warf die Papierschnitzel in die Luft und schaute zu, wie der Wind sie über den ganzen Platz verstreute. »Frau Takata, es sind lauter Spitzel draußen vor diesem Hotel.«

Bald darauf kamen zwei Polizisten, und der Beamte, der sich Notizen gemacht hatte, ging mit ihnen fort.

Eine Stunde später tauchten zwei andere Polizeibeamten auf und fragten nach Takata. Dann begann das Verhör.

»Sind Sie Takata? » Sie antwortete: »Ja.«

»Haben Sie Gäste hier?« »Ja.«

»Wo sind sie?« – »Hier im Haus.«

»Die Gäste müssen mit uns zur Einwanderungsbehörde zum Verhör fahren.«

Sie sagte zu Dr. Hayashi: »Sorgen Sie dafür, daß Sie einen Dolmetscher bekommen, damit Ihre Antworten nicht falsch ausgelegt werden. Teilen Sie ihnen auch mit, daß ich nichts mehr sagen werde, außer durch meinen Anwalt. Ich werde Ihnen auch einen Anwalt besorgen. Sagen Sie also, daß Sie mit einem Anwalt sprechen wollen.«

Der Polizist machte eine drohende Geste in Takatas Richtung und sagte zu ihr: »Halten Sie den Mund!«

Es war Mittagszeit, aber niemand konnte etwas essen bei dem Gedanken an die schreckliche Nervenprobe, die die Hayashis bestehen mußten. Nach einer Stunde kehrten sie zurück. Dr. Hayashi zeigte sein gewöhnliches Lächeln, als er erzählte, was geschehen war.

Er war auf den Einwanderungsbeamten mit den Worten zugegangen: »Ich weiß nicht, warum man mich hierher zitiert. Ich bin kein Arbeiter. Ich bin ein Erste-Klasse-Tourist und habe ein ordnungsgemäßes Visum. Ich habe einen Erste-Klasse-Paß. Wenn Sie hier keine Besucher wollen, kann ich in mein Heimatland zurückkehren. Ich habe dort ein Zuhause, wo ich sehr komfortabel lebe. Ich bin nicht darauf angewiesen, hier zu sein.«

Der Beamte fragte: »Warum halten Sie dann Vorträge und nehmen Geld dafür?«

Hayashi entgegnete: »Das ist Ihnen falsch berichtet worden. Wie Sie den Unterlagen entnommen haben, sind die Vorträge umsonst. Jeder ist willkommen. Die Öffentlichkeit ist eingeladen. Ich kann Ihnen die Anzeige vorlegen.«

Der Beamte antwortete: »Im Bericht steht: Obwohl es in den Zeitungen anders angekündigt wurde, geben die Leute Ihnen Briefumschläge und reichen den Hut herum, um Geld zu sammeln.«

Hayashi erwiderte: »Das ist falsch. Das habe ich nie getan. Warum haben Sie nicht jemanden in Zivil zum Vortrag geschickt, um zu sehen, ob ich das tue? Glauben Sie anderen, oder glauben Sie mir?«

Der Beamte fragte Hayashi dann: »Wieviel Geld haben Sie bei sich?«

Hayashi sagte: »Wenn Sie über Geld reden wollen, warum haben Sie mich nicht im Hotel danach gefragt? Ich trage doch nicht mein ganzes Geld mit mir herum, nur weil ich hierher zu Ihnen komme. Aber ich habe etwas Geld bei mir. Hier sind meine Reiseschecks. 300 Dollar habe ich bereits ausgegeben. Aber diese sind noch etwa tausend Dollar. In Japan gekauft, nicht in Honolulu. Sehen Sie, sie tragen den kaiserlichen Stempel der Bank von Tokio. Meine Tochter hat ihre eigenen

Schecks. Ich habe sechs von diesen Scheckheften mitgebracht. Möchten Sie die anderen auch noch sehen? Dann kommen Sie mit in mein Hotel, und ich werde sie Ihnen zeigen.«

Der Inspektor wurde ganz rot im Gesicht. 1937 waren 6000 Dollar sehr viel Geld, die ein Tourist nach Hawaii brachte. Er sagte, die Anzeige habe völlig anders gelautet. Sie war erstattet worden von einer Frau namens Sadie.

Nachdem die Ermittlungen vorbei waren, entschuldigte sich der Beamte mit den Worten: »Wir müssen Anzeigen nachgehen, die uns erstattet werden.«

Natürlich wurde über all das in den Zeitungen berichtet. Ein langer Artikel erschien. Der Mann, der zur Beratung gekommen und angeblich krank vor Magenschmerzen geworden war, hatte den Spitzel gespielt. Er konnte nicht in Honolulu bleiben, weil alle nun wußten, wer er war. Er wurde nach Florida geschickt, wo es viele illegale Einwanderer im Sumpfgebiet gibt. Später stand in der Zeitung, daß er von hinten von einem Krokodil angefallen und getötet wurde, als er durch einen Sumpf watete.

Nachdem alle Punkte aufgeklärt waren, sagte der Herausgeber der örtlichen Zeitung: »Ich werde ab jetzt sehr positive Artikel schreiben. Auf in die Versammlungsräume! Ihre Versammlungsräume werden voll sein, und es wird Vorträge und Kurse geben, Kurse, Kurse und noch mehr Kurse.«

Takata gab die Vorführungen, und Hayashi hielt die Vorträge. Er saß immer auf einem Stuhl und hielt seine Vorträge. Das war im November und Dezember. In den zwei Monaten hatten sie ein wirklich zahlreiches und nettes Publikum. Hayashi und

Takata taten den Leuten leid. Sie kamen zum Vortrag und sahen, wie klein und schmal diese junge Frau war, die soviel hatte durchmachen müssen. Sie sagten: »Du arme Kleine. Da bist du nun vom Land gekommen, und die Stadtmaus hat versucht, die Landmaus zu beißen.« Weil die Menschen so positiv reagierten, passierten großartige Dinge. Hawaii war amerikanisches Territorium, und die Einwanderungsbehörden saßen in Washington. Also wurde dem Kongreß von all diesen Ereignissen Bericht erstattet. Zu der Zeit war ein Herr Wilder King Kongreßabgeordneter, und er behandelte diesen Fall. Im Dezember rief er sie an, um ihnen zu sagen: »Frau Takata, Sie haben diesen Fall gewonnen. Ihre Freunde können noch bis Februar bleiben, bis ihr Visum abgelaufen ist.«

TUE DEINE ARBEIT EHRLICH

Hayashis Bekanntmachung

Bevor die Hayashis Hawaii im Februar 1938 verließen, gab es am 22. Februar einen großen Empfang in einem Teehaus, an dem die vielen neuen Freunde der Hayashis teilnahmen.

Dr. Hayashi bekam viele Geschenke: einen *Koa*-Stock, Koa-Schalen und etwa 150 hawaiische *Leis* (Blütenkränze) aus getrockneten Samenkapseln, Bändern und Federn. Leis aus frischen Blumen hätte er nicht mitnehmen können.

Man bat ihn, zu den Anwesenden zu sprechen, und er ergriff die Gelegenheit, von all den schönen Erlebnissen zu berichten, die ihm hier widerfahren waren, und von all den freundlichen Menschen, denen er begegnet war. Er sagte: »Ich möchte Ihnen allen danken. Als Lehrer und Meister habe ich eine Schülerin, Frau Hawayo Takata, heimisch auf Kauai und jetzt gerade in Honolulu. Und ab jetzt ist Frau Takata Reiki-Meisterin. Sie hat viele Prüfungen bestehen müssen und lebt nach den Lebensweisheiten von Reiki. Ich bitte Sie, ihr Ihre Unterstützung zu geben. Sie ist die Meisterin und kann mein Werk fortführen.«

Takata nahm das Mikrofon und sagte: »Ich bin sehr dankbar für alles, was mein Lehrer mir beigebracht hat. Ich fühle mich hoch geehrt, und von jetzt an brauche ich Ihre Unterstützung. Ich schätze mich glücklich, Ihnen in Zukunft eine demütige Dienerin sein zu dürfen.«

Am nächsten Tag gingen Dr. Hayashi und der Hoteldirektor zum örtlichen Radiosender, und Dr. Hayashi gab dort offiziell bekannt: »Frau Takata ist die Reiki-Meisterin für dieses Gebiet und Japan, und wenn ich nicht mehr sein sollte, ist Takata diejenige, die dazu bestimmt wurde, diese Arbeit fortzusetzen.«

Bevor Dr. Hayashi Japan verlassen hatte, um nach Hawaii zu gehen, hatte er seine Frau und Hawayo Takata als Meisterinnen initiiert, mit der offiziellen Ankündigung aber gewartet, bis er in Hawaii war.

Seine Abschiedsworte an Takata lauteten: »Kommen Sie, wenn ich Sie rufe.«

Großmeister Hayashi – 1938 bei seinem Besuch in Hawaii

Großmeisterin Takata, 1938

Das Geschenk

Etwa 16 Monate, nachdem sie ihre Praxis in Kapaa eröffnet hatte, aß Hawayo mit ihrem Vater zu Abend und verbrachte die Nacht im Haus ihrer Schwester. Kurz nach Mitternacht, noch vor Anbruch des Morgens, hatte sie ein merkwürdiges Gefühl. Es schien, als würde sie frei herumschweben, und sie konnte nichts tun, außer wach zu werden und sich am Bett festzuhalten. Schon glitt sie durch die Tür, ohne diese zu öffnen, ins Eßzimmer und weiter ins Wohnzimmer, wo sie sanft auf der Couch landete. Sie weckte ihre Schwester, indem sie nach ihr rief, und bat sie: »Komm schnell, lege deine Hände auf meine Brust und meinen Bauch, und halte mich am Boden. Ich habe Angst, durch die Decke zu schweben und in den Himmel wegzusegeln!« Diese neue Erfahrung war für sie äußerst beängstigend.

War das das Ende ihres Lebens? Sie begann ihrer Schwester von den unerledigten familiären Verpflichtungen zu erzählen, den Dingen, die einem Menschen in den Sinn kommen, wenn er das Gefühl hat, daß sein Leben zu Ende geht und er seine Angelegenheiten regeln muß. Ihr Schwager wachte auf. Er kam ins Wohnzimmer, und als er all diese merkwürdigen Ereignisse sah und hörte, rief er einen Arzt an.

Das laute Zuschnappen der Eingangstür bei Ankunft des Arztes befreite sie von dem Bann. Ihre Schwester hielt sie immer noch auf der Couch fest, Tränen in den Augen. Takata hörte auf zu schweben und lag jetzt mit dem Rücken auf der Couch.

Sie erzählte dem Arzt, was geschehen war. Er sagte ganz ernsthaft, daß er von solchen Dingen wie Astralprojektion und Schwerelosigkeit schon gehört hätte, ohne aber jemals selbst Zeuge solcher Erlebnisse gewesen zu sein. Er untersuchte sie. Sie hatte kein Fieber, und ihr Puls war normal. Er blieb eine Weile, um sich mit ihr zu unterhalten, und sagte ihr, sie solle ihn am Morgen in seiner Praxis aufsuchen. Als sie dort hinkam, untersuchte er sie nochmals, konnte aber nichts Ungewöhnliches feststellen.

Sie hörte Gespräche aus der feinstofflichen Welt, und innerhalb weniger Monate wurde sie hellsichtig. Sie konnte Dinge sehen, die sich viele Meilen entfernt ereigneten.

Sie sah jemanden in einem 30 Kilometer entfernten Krankenhaus. Sie rief die Bezirkskrankenschwester an, um herauszufinden, ob sie recht hatte oder einfach verrückt war. Die Schwester forschte nach und fand heraus, daß Takata die Ereignisse bis in alle Einzelheiten richtig gesehen hatte.

Als nächstes sah sie einen Patienten, der in einem über 130 Kilometer entfernten Krankenhaus lag und um Hilfe rief. Es war sieben Uhr abends, die Zeit, zu der im Krankenhaus Visite war. Das Radio spielte laut, und niemand hörte sein Klingelzeichen. Er war an diesem Tag am Bruch operiert worden und halb aus dem Bett gerutscht. Er kämpfte damit, daß er nicht herausfiel und drückte seinen Klingelknopf.

Sie rief einen Freund in der Gegend an und bat ihn, mit dem Krankenhaus Kontakt aufzunehmen und sie dann zurückzurufen, um ihr zu sagen, ob sie recht gehabt hatte. Schon nach

20 Minuten klingelte das Telefon, und er sagte ihr, daß es stimmte, was sie sah, und daß der Patient sehr dankbar für die Hilfe gewesen sei.

Ein anderes Mal sah sie eine Frau auf der Krankenhaustreppe sitzen und herzzerreißend weinen. Sie sah auch das zweijährige Kind der Frau, das operiert wurde, um eine nässende Wunde im Unterleib trockenzulegen. Die Bezirkskrankenschwester kam, um die Mutter und den Vater über diese unerwartete Operation hinwegzutrösten. Als das Kind wieder in seinem Bett lag, verließ die Schwester das Krankenhaus und ging zu Takata. Sie berichtete von Einzelheiten, die Takakta genauso gesehen hatte, und sagte dann: »Ich finde es wunderbar, daß Sie all diese Dinge sehen können.«

Aber Takata fand es allmählich gar nicht mehr so wunderbar, dieses Talent zu besitzen. Sie sah Menschen, die Hilfe brauchten, auch bei Unfällen. Und sie fürchtete sich vor dem Einbruch der Nacht, weil sie sich nicht die ganze Nacht lang all diese Bilder anschauen wollte. Sie brauchte ihren Schlaf. Sie beschloß, die ganze Nacht in ihrer Wäschekammer zu sitzen. Vielleicht konnte sie all diese Bedürftigen aussperren, um etwas Schlaf zu bekommen. Schließlich fuhr sie wieder nach Japan, um ihren Lehrer aufzusuchen.

Hayashi sagte zu ihr: »Das ist dein inneres Talent, etwas, womit du zur Welt gekommen bist. Je stärker und reiner dein Körper wird, desto besser bist du imstande, immer weiter in den Raum zu schauen. Du mußt dich entscheiden, ob du Heilerin oder Hellseherin sein willst.« Sie beschloß, das Hellsehen aufzugeben und einfach ein Kanal für Heilung zu sein. Sie konnte Reiki praktizieren und nachts gut schlafen!

Innerhalb weniger Monate gewann sie ihr Wohlbefinden wieder.

LASSE ALLE SORGEN LOS

III

Die Ursprünge von Reiki

Takata erzählte die Geschichte von Dr. Usui und seiner Entdekkung des Reiki wie folgt:

Mikao Usui

Dr. Usui war der Leiter einer christlichen Schule für Jungen in Japan gegen Ende des letzten Jahrhunderts. Da er außerdem Geistlicher war, hielt er auch die Sonntagspredigt.

Eines Sonntags unterbrachen ihn einige der Jungen, die in der ersten Reihe saßen, indem sie ihn fragten: »Dr. Usui, glauben Sie an das, was die Bibel sagt?«

Er erwiderte: »Ich habe die Bibel sehr gründlich studiert, als ich hier in Japan das Seminar besuchte, und ich vertraue auf das, was darin steht.«

Einer der Jungen sagte: »Wir stehen gerade erst am Anfang unseres Lebens und hätten von Ihnen gern eine Frage beantwortet. Glauben Sie, daß Jesus geheilt hat?«

Dr. Usui antwortete: »Ja.«

»Dann führen Sie uns das doch bitte vor, indem Sie einen blinden oder verkrüppelten Menschen heilen oder indem Sie auf dem Wasser gehen.«

Dr. Usui entgegnete: »Ich bin ein guter Christ und habe meinen Glauben, aber ich kann nichts dergleichen vorführen, denn das hat man mir nicht beigebracht.«

Der Junge sagte: »Wir wollen nicht in blindem Glauben leben. Wir möchten Beweise sehen.«

Dr. Usui sagte: »Ich würde euch das gerne irgendwann beweisen. Wenn ich eines Tages herausgefunden habe, wie, werde ich zurückkommen und es euch zeigen. Heute trete ich zurück von meinem Amt und werde morgen nach Amerika fahren, um die Bibel in einem christlichen Land zu studieren, und dann werde ich zurückkommen.«

Er verabschiedete sich und verließ die Kirche.

In Chicago trug er sich an der Universität ein und studierte Philosophie, christliche Religion und Bibelwissenschaften. Er stellte fest, daß die Lehren mit dem übereinstimmten, was ihm von den Missionaren in der Schule, die er als heranwachsender Junge besucht hatte, und im Predigerseminar beigebracht worden war. Aber er konnte nirgendwo eine Anweisung finden, die Jesus zurückgelassen hatte und in der er beschrieb, wie man bei anderen Heilung bewirkt.

Er setzte sein Studium fort und erforschte den Hinduismus, den Buddhismus und die anderen Religionen dieser Welt. Er erfuhr, das Gautama Buddha Blinde geheilt hatte sowie Menschen, die an Tuberkulose und Lepra erkrankt waren.

Nach sieben Jahren in Chicago kehrte er nach Kyoto zurück, um mehr über Buddha zu erfahren in der Hoffnung, die Anleitung zur Heilung zu finden. Nara war das Hauptzentrum des Buddhismus, aber in Kyoto gab es die meisten Tempel und Klöster. Er besuchte sie alle und stellte immer wieder die gleiche Frage: »Steht in den Sutras, daß Buddha heilte?«

Und immer erhielt er die gleiche Antwort: »So steht es geschrieben.«

»Können Sie es auch?«

»Im Buddhismus betrachten wir es als Aufgabe der Priester, Menschen beizubringen, wie sie inneren Frieden finden und glücklich werden können. Die Arbeit unserer Kirche besteht darin, Gottesdienste abzuhalten, die dem menschlichen Geist zu spirituellem Wachstum verhelfen, denn der Geist ist ewig. Dann werden die Menschen Dankbarkeit zeigen. Damit haben wir viel zu tun. Körperliche Krankheit hat ihren Ursprung im Geist. Der physische Körper existiert nur vorübergehend, und es gibt Doktoren und Ärzte für seine Behandlung.«

Nach monatelanger Suche wurde er an einen Zen-Tempel in der Nähe von Kyoto verwiesen, der die größte buddhistische Bücherei Japans besaß. Er bat darum, den obersten Mönch sprechen zu dürfen. Während ihres Gespräches fiel Dr. Usui auf, daß das Gesicht dieses 72jährigen Mönches jung und schön war wie das eines Kindes, und er eine sehr freundliche Stimme hatte, als er sagte: »Kommen Sie herein.«

Dr. Usui fragte ihn: »Glaubt man im Zen an Heilung? Können Sie das körperliche Selbst heilen?«

»Noch nicht«, lautete die Antwort des Mönchs. »Wir sind sehr damit beschäftigt, zunächst einmal den Geist in Harmonie zu bringen. Wir meditieren jeden Tag für die spirituelle Erleuchtung.«

»Wie werden Sie die körperliche Ausbildung erlangen?« fragte Dr. Usui.

»Das wird kommen. Wir haben unseren Glauben, und eines Tages werden wir in unserer Meditation die Methode empfangen. Ich bin sicher, daß ich es noch vor meinem Übergang in die andere Welt wissen werde.«

Dr. Usui fragte dann, ob er dem Kloster beitreten und den Buddhismus studieren könne. Während seines dreijährigen Aufenthalts im Kloster las er sämtliche Sutras, die in Japanisch geschrieben waren, und meditierte viele Stunden mit den Mönchen zusammen. Aber das war nicht genug für ihn. Er dankte ihnen und wollte das Kloster gerade verlassen, als der Mönch ihn bat, weiter mit ihnen zusammen zu studieren.

Untersuchungen zeigen, daß das Kloster zu jener Zeit damit beschäftigt war, die frühesten indischen Sanskrit-Sutras ins Japanische zu übersetzen.

Der Mönch sagte: »Wir haben chinesische Schriftzeichen übernommen, aber das ist für Sie, als würden Sie Latein lesen.«

Dr. Usui blieb noch viele Jahre, lernte Chinesisch und die Sutras zu lesen, die in Chinesisch geschrieben waren. Trotzdem fand er die Anleitung nicht, nach der er suchte.

Er studierte Sanskrit und begann die Sutras zu lesen, die in Sanskrit, einer der ältesten Schriftsprachen, geschrieben waren.

In diesen Sutras stieß er auf einige Symbole und Sätze, die die Anleitung für Buddhas System der Heilung durch Handauflegen darstellen konnten! So einfach und klar wie Mathematik! Vor 2500 Jahren geschrieben!

Die nächste Schwierigkeit bestand darin, die Teile zusammenzufügen, um sie in die Praxis umsetzen zu können. Er beschloß, zu diesem Zweck zu fasten und zu meditieren in der Hoffnung, eine Vision zu empfangen, die ihm alles erklären würde.

Beim Abschied gab er im Kloster die Anweisung, man solle, wenn er nicht innerhalb von 22 Tagen zurückgekehrt sei, nach seinem Körper suchen.

Seine Meditation

Nur mit einer Ziegenlederflasche voll Wasser bestieg er den Berg Kurayama. Er fand eine passende Kiefer in Hörweite eines Flusses und ließ sich dort nieder, um zu meditieren. Er sammelte 21 Steine, die er neben sich legte, und warf täglich bei Anbruch des Morgens einen Stein weg. Er las Sutras, sang, betete und meditierte.

In den ersten Stunden des 21. Tages, als die Nacht kurz vor Anbruch der Dämmerung am dunkelsten war und man weder Mond noch Sterne sehen konnte, beendete er seine Meditation. Er öffnete seine Augen und schaute in den dunklen Himmel, während er dachte, daß dies seine letzte Chance sei, die Antwort zu finden, nach der er in all diesen Jahren gesucht hatte.

Er sah Lichtblitze ... eine Erscheinung.

Das Licht bewegte sich sehr schnell auf ihn zu.

Voller Aufregung und Optimismus dachte er: »Dies ist eine Prüfung. Ich werde mich ihr stellen.«

Mit weitgeöffneten Augen sah er zu, wie das Licht in seine Stirn eindrang. Er fiel nach hinten über und verlor das Bewußtsein. Es war, als ob er stürbe. Seine Vision begann, als der Morgen dämmerte. Er sah nach rechts. Millionen durchsichtiger Kugeln in allen Farben des Regenbogens tanzten vor ihm.

Dann bewegte sich die Farbe Rot von rechts nach links und füllte den ganzen Himmel. Einen Moment lang blieb sie dort und verblaßte dann. Dann war der Himmel voller Orange... blieb eine Weile so ... und verblaßte. Dann Gelb, dann Grün, Blau und Rosa. Der ganze Himmel war ein einziger Regenbogen!

Ein unvergeßliches Wunder!

Als die letzte Farbe verblaßt war, kam weißes Licht von rechts und blieb direkt vor ihm stehen wie eine Leinwand. Einige der Lehren, die er in Sanskrit studiert hatte, erschienen in goldenen Buchstaben vor ihm. Dann näherte sich ein goldenes Symbol von rechts, bewegte sich auf die Leinwand und verließ diese auf der linken Seite, während ein weiteres Symbol in Sicht kam, dann noch eins und noch eins, bis sämtliche Symbole an ihm vorbeigetanzt waren, und dabei lernte er auch verstehen, was sie bedeuteten und wie sie anzuwenden waren.

Dann hörte er sagen: »Behalte dies, behalte dies, behalte dies.«

Als er wieder zu sich kam, war es Tag. Er setzte sich auf und dachte über all das nach, was er gesehen und gehört hatte.

Er schloß seine Augen, und sämtliche goldenen Schriften und Symbole erschienen ihm.

Seine ersten Wunder

Er stand auf. Er fühlte sich stark und hatte keinen Hunger. Er war voller Energie und bereit, zum Kloster zurückzuwandern. Er empfand es als Wunder, daß er sich so gesund fühlte.

Er nahm seinen Hut und seinen Stock, warf seinen letzten Stein weg und begann mit dem Abstieg.

Während er den Weg hinabstieg, stolperte er über einen Stein und knickte sich den Zehennagel um. Blut floß, und es tat weh. Er griff den Zeh mit der Hand und hielt ihn. Er spürte einen Strom von Energie. Dann verschwand der Schmerz. Er nahm seine Hand weg und sah das getrocknete Blut, aber der Zeh machte keinerlei Schwierigkeiten mehr. Der Zehennagel befand sich wieder an seinem richtigen Platz.

Das war das zweite Wunder.

Als er am Fuße des Berges ankam, ging er weiter, bis er eine Bank mit einer roten Wolldecke sah. Dort setzte er sich hin.

Von hundert Jahren mußte man in Japan, wenn man reisen wollte, zu Fuß gehen. Die wenigsten Menschen besaßen Pferde. Wenn ein Haus bereit war, den Vorbeiziehenden eine Mahlzeit zu servieren, legte man eine rote Decke auf eine Bank und stellte einen Aschenbecher in Reichweite, oder man legte eine rote Tischdecke auf einen Tisch, vor dem eine Bank stand.

Ein alter Mann mit einer Schürze machte Feuer in einem *Hibachi* (Kohleofen). Dr. Usui fragte ihn, ob er ein wenig übriggebliebenen Reis, gesalzene Pflaumen und heißen Tee habe. Der alte Mann sagte ihm, er müsse warten, bis der Reisschleim fertig sei. Dr. Usui wiederholte seine Bitte um kalten Reis, und der alte Mann bestand darauf, daß er auf den warmen Reisschleim warten müsse. Als Dr. Usui noch einmal um kalten Reis bat, erhielt er von dem alten Mann folgende Antwort:

»Was Sie brauchen, ist warmer Reisschleim, Tee, *Miso* und eingelegter Kohl. An der Richtung, aus der Sie kommen, nämlich von einem Berg, auf dem gerne meditiert wird, und an der Länge Ihres Bartes kann ich ablesen, daß Sie gerade 21 Tage lang gefastet haben. Und ein Fasten von dieser Länge beendet man nicht mit kaltem Reis von gestern. Setzen Sie sich, und ich werde Ihnen Ihr Frühstück bringen lassen, wenn es fertig ist.«

Dr. Usui griff nach dem Reisnapf, nahm ihn mit zur Bank und setzte sich, um zu warten.

Die Enkelin des alten Mannes, ein hübsches Mädchen im Teenageralter, brachte ihm sein Frühstück. Sie hatte einen Schal um ihr Kinn gewickelt, der oben auf dem Kopf zusammengebunden war, so daß seine Enden wie Hasenohren abstanden, und auf ihren geschwollenen Wangen unter den roten Augen waren Tränenspuren.

Dr. Usui fragte sie, was ihr fehle. Sie antwortete: »Ich habe schreckliche Zahnschmerzen. Sie dauern jetzt schon drei Tage, aber ich kann nicht zum Zahnarzt gehen, denn bis zu seiner Praxis sind es fast 30 Kilometer, und ich weiß nicht, wie ich dort hinkommen soll.«

Das Mädchen tat Dr. Usui sehr leid, und er fragte sie, ob er ihr seine Hände auf die Wangen legen dürfe. Er tastete ihre Kiefer ab und fragte: »Ist es hier? Macht dieser hier dir Schwierigkeiten?« Sie nickte mit dem Kopf und sagte: »Ja, aber seit Sie ihn berühren, wird es besser.« Er legte beide Hände auf die Stelle, und schon bald begannen ihre Augen zu strahlen. Sie lächelte und sagte: »Der Schmerz ist weg.«

Das war das dritte Wunder.

Sie wischte sich ihre Tränen ab, rannte zu ihrem Großvater und sagte: »Dieser Mönch kann zaubern!«

Der Großvater sagte: »Wir sind so dankbar, daß unser Haus Ihnen die Mahlzeit servieren darf.«

Dr. Usui verzehrte sein Frühstück mit Genuß, und dann geschah das vierte Wunder. Obwohl er seine Fastenzeit mit so einem umfangreichen Mahl beendet hatte, litt er unter keinerlei Verdauungsstörungen.

Er wanderte weiter die 27 Kilometer zum Kloster zurück und kam gegen Einbruch der Dunkelheit an. Der Junge, der ihm das Tor öffnete, sagte: »Oh, Dr. Usui! Welche Freude, daß Sie zurück sind. Wir wollten gerade aufbrechen, um nach Ihren Knochen zu suchen.«

Dr. Usui lächelte ihn an und sagte: »Ich bin auch froh, wieder hier zu sein, und meine Reise war erfolgreich. Wo ist der Abt?«

Der Junge sagte: »Der Abt liegt seit mehreren Tagen mit Arthritis und Rückenschmerzen im Bett. Ich werde Ihnen frische Kleider zurechtlegen, während Sie baden. Der alte Mönch wird sich freuen, daß Sie zurück sind.«

Nachdem er gegessen hatte, besuchte er den Abt, der fragte: »Wie war Ihre Meditation?«

»Erfolg, Erfolg, Erfolg«, entgegnete Dr. Usui. Er legte seine Hände auf die Decke, unter der der Abt lag, während er dem alten Mönch alles über seine Meditation und seine Vision erzählte. Er war sehr aufgeregt, als er ihm sagte, daß er schließlich doch noch gefunden habe, wonach er seit so vielen Jahren gesucht hatte.

Der alte Mönch sagte dann: »Die Schmerzen sind völlig verschwunden. Mein Körper fühlt sich gut an. Ich fühle mich voller Energie.«

Dr. Usui sagte: »Das ist *Reiki*.«

Dr. Usui schlief gut in dieser Nacht.

Die Anwendung

Nachdem jetzt seine lange Suche nach *Reiki* beendet war, bestand der nächste Schritt darin, sich zu überlegen, wie es am besten angewendet werden konnte.

Am nächsten Morgen versammelten sich die Mönche, um darüber zu sprechen. Sie meinten, die wohlhabenderen Leute könnten Ärzte, Kräuterspezialisten oder Akupunkteure aufsuchen, um sich bei ihren gesundheitlichen Problemen helfen zu lassen. Aber für die Armen, die ziemlich zahlreich waren, gab es keine Hilfe. Also beschloß Dr. Usui damit anzufangen, daß er die Menschen in dem großen Armenviertel behandelte. Um mit den Leuten in Kontakt zu kommen, verkaufte er ihnen Gemüse. Er trug zwei Körbe an einer Stange über der Schulter, einen vorn und einen hinten, die beide mit frischem Gemüse gefüllt waren. Er war dabei in seine traditionelle Mönchsrobe gekleidet.

Der erste, den er traf, fragte: »Wo wollen Sie denn hin?«

Dr. Usui antwortete: »Ich will Gemüse verkaufen.«

»In dieser Kleidung?« fragte der Mann. Also tauschten sie ihre Kleider. Jetzt trug er einen Kimono aus Flicken und war bereit für die Begegnungen mit den Menschen.

Plötzlich war er umgeben von einer Horde Jungen. Nach einer spielerischen Hetzjagd brachten sie ihn zu ihrem Anführer, dem König der Bettler.

Sie nahmen ihm seine Gemüsekörbe ab.

Der König der Bettler sagte: »Ich sehe, daß er unter seinen Kleidern einen Geldgürtel trägt. Entkleidet ihn!«

Sie nahmen ihm seinen Kimono ab.

Sie nahmen ihm seinen Geldgürtel weg.

Dann fragten sie ihn: »Warum bist du ins Armenviertel gekommen, obwohl du Geld hast?«

Er erzählte ihnen von Reiki und davon, daß er die Anleitung gefunden habe, nach der er anderen zu Gesundheit und Wohlbefinden verhelfen könne.

Er sagte: »Das einzige, was ich möchte, ist bei euch wohnen, einen Platz, wo ich diese heilende Berührung ausüben kann, eine Ecke zum Schlafen und täglich etwas zu essen. Ich werde aber nicht losgehen und betteln. Ich werde von Sonnenaufgang bis Sonnenuntergang Reiki-Behandlungen geben und Menschen helfen, sich wohl zu fühlen.

Sie gaben ihm schmutzige Lumpen zu tragen, sorgten dafür, daß er täglich ein wenig zu essen bekam, einen Platz zum Schlafen hatte und Menschen mit Reiki behandeln konnte.

Für seine ersten Behandlungen suchte er sich junge Menschen aus, weil die Ursachen für Beschwerden bei diesen nicht so tief gehen. Er mußte nur eine Woche mit ihnen arbeiten. Die Leiden älterer Menschen reichen weiter zurück, und es dauert länger, eine heilende Krise bei ihnen auszulösen. Aber dann kommt es ebenso schnell zur Heilung wie bei einer frischen Wunde.

Wenn seine Klienten wieder gesund waren, sagte Dr. Usui immer zu ihnen: »Geht in den Tempel, und fragt nach dem Mönch. Er wird euch einen neuen Namen und eine Arbeit geben.«

In den Tempeln hieß es, der Geist und die Seele seien das wichtigste. »Warum sich um den physischen Körper sorgen... Wir haben ihn nur für so kurze Zeit, und es gibt Ärzte, die sich um körperliche Beschwerden kümmern können.«

In den folgenden sieben Jahren seit der Zeit, in der er sich von seinem Amt als Geistlicher hatte freistellen lassen, um zu lernen, Menschen körperlich zu heilen, sammelte Dr. Usui viele Erfahrungen.

Als er eines Abends im Armenviertel spazierenging, traf er auf bekannte Gesichter. Er fragte einen: »Kenne ich dich nicht?« Und der andere antwortete: »Ja, Dr. Usui.«

»Habe ich dir nicht geholfen, gesund zu werden?«

»Ja.«

»Und habe ich dich nicht losgeschickt, eine Arbeit zu finden?«

»Ja.«

»Hast du Arbeit bekommen?«

»Ja.«

»Was machst du dann hier?«

»Oh, man wollte dort, daß ich von sieben Uhr morgens bis sieben Uhr abends arbeite. Ich habe über ein Jahr lang gearbeitet, aber es ist leichter, Bettler zu sein.«

Ehrliche Leute arbeiteten viele Stunden am Tag, aber diese Menschen wußten es nicht zu schätzen, daß sie geheilt worden waren. Sie wollten ihr Leben nicht verändern. Das Geschenk, das er ihnen gemacht hatte, war für sie genausoviel wert, wie sie dafür gezahlt hatten – nämlich gar nichts.

Er warf sich zu Boden und schluchzte.

Die Priester hatten recht. *Zuerst kommt der Geist, und der physische Körper folgt diesem.*

Er weigerte sich, weiterhin Bettler zu behandeln, weil sie keine Dankbarkeit zeigten.

Er kehrte ins Kloster zurück und sprach mit dem alten Mönch.

Dann entwickelte er die folgenden Lebensrichtlinien, die von jetzt an bei jeder Beratung, bei der die Ursache des Leidens gesucht wurde, vermittelt werden sollten:

Für heute lasse allen ÄRGER los.

Für heute lasse alle SORGEN los.

Heute SEI DIR ALL DESSEN BEWUßT, WOMIT DU GESEGNET BIST, ehre deine Eltern, Lehrer und Nachbarn. Nimm dein Essen dankbar zu dir.

Heute LEBE EHRLICH.

Heute SEI FREUNDLICH ZU ALLEN LEBEWESEN.

Die Pilgerfahrt

Dr. Usui beschloß, zu Fuß eine Pilgerreise durch ganz Japan zu unternehmen.

Wenn irgendwo viele Menschen zum Einkaufen unterwegs waren, zündete er eine Fackel an und lief durch die Straßen.

Alle, die ihn sahen, blieben stehen und sagten: »Lieber Mönch, es ist hellichter Tag. Du brauchst doch keine Fackel, um sehen zu können.«

Er antwortete dann: »Liebe Leute, ich bin auf der Suche nach Menschen, die gesund und glücklich sind und ein erleuchtetes Herz haben. Es gibt aber einige, die sind voller Sorgen, Niedergeschlagenheit und körperlicher Schmerzen, und diese müssen Licht in ihr Leben bringen. Kommt um zwei Uhr in den Tempel, um meinen Vortrag zu hören.«

Auf diese Weise fand er Menschen, denen er helfen konnte, ihre geistige und körperliche Gesundheit wieder herzustellen. Er wurde in ganz Japan als großer Heiler bekannt. Aber er wies immer wieder darauf hin, daß nicht er die Heilung vollbrachte, sondern Gottes Energie, die durch ihn hindurchfloß. Er war nur das Werkzeug, das für diesen Zweck benutzt wurde.

Im Laufe der Zeit bildete Usui 18 Meister aus, die Reiki lehrten und anwendeten, und Reiki wurde als gute Alternative zu anderen Formen der medizinischen Behandlung bekannt.

Mikao Usui erhielt vom Kaiser von Japan für seine Heilungsarbeit und sein Lehren eine Auszeichnung.

Er wurde in einem Zen Tempel in Tokio beerdigt. Dort steht ein großer Grabstein, auf dem eine Würdigung über seine Arbeit für die Menschheit eingraviert wurde.

Großmeister Usui

Chujiro Hayashi beschrieb seinen Meister als Genie, Gelehrten und Philosophen. Mikao Usui hat die christliche und buddhistische Religion weitaus länger als die hier erwähnten 27 Jahre lang studiert, erforscht und praktiziert, bis er in seinem spirituellen Wachstum an einem Punkt angelangt war, wo er von Herzen akzeptieren konnte, daß sämtliche Lebewesen miteinander verbunden sind.

Als er im Verlaufe seiner Meditation das Bewußtsein verlor, wobei er an dem Wunsch festhielt, anderen zu dienen, ohne jeden Gedanken an Eigendünkel, ohne jedes Interesse an materiellen Dingen und ohne jeden Ehrgeiz, sondern sich vielmehr mit bedingungsloser Liebe an andere wendend, um ihnen zu helfen, ihr eigenes wahres Wesen zu entfalten, gelangte er zu jener einzigen richtigen Beziehung zu allem, was ist: Jener Einheit mit der reinen Energie, dem Zustand, in dem er seine Vision empfing.

Als er in die Welt von Zeit und Verstand zurückkehrte, empfing er die Bilder und Wahrnehmungen, mit deren Hilfe er die Symbole und Zeremonien von Reiki verstehen lernte, wie wir sie heute kennen, und war sich der Worte bewußt: »Behalte dies, behalte dies, behalte dies.«

Für uns ist das Wichtigste, daß er sich an diese Symbole und Zeremonien erinnerte, denn auf diesem Wege wurde Reiki uns übermittelt, und wir können fortfahren, es zu lehren. Aber für ihn war es am wichtigsten, sich daran zu erinnern, wie er zu jenem Ort der Einheit mit der reinen Lichtenergie zurückkehren konnte. Und sämtliche Menschenleben, mit denen er in Berührung kam, erfuhren von diesem erinnerten Ort aus eine Veränderung.

Er trug eine brennende Fackel, um auf sich aufmerksam zu machen und den Menschen erzählen zu können, wie sie Licht *in ihr Leben bringen konnten. Wenn er mit seinem »Vortrag« ihr Bewußtsein (und ihre Herzen) erhellt hatte, so daß sie eine Veränderung ihres Lebens akzeptieren konnten, mußte Mikao Usui nur seine Hand ausstrecken, um den Puls der Energie berühren und spüren und ihre Gesundheit wiederherstellen zu können. Denn gute Gesundheit ist der »natürliche« Zustand unseres Wesens.*

Ist das nicht der Weg, *den die großen spirituellen Meister der Welt zu zeigen versuchten?*

Chujiro Hayashi

Chujiro Hayashi war Kommandeur bei der kaiserlichen Marine. Er hatte Englisch gelernt, während er mit seinem Schulschiff zu den wichtigsten Häfen der ganzen Welt gesegelt war. Er kam aus einer gebildeten Familie, die ziemlich wohlhabend und von hohem sozialen Rang war. Er war 45 Jahre alt und kaiserlicher Reserveoffizier, als er sich zufällig auf einem Marktplatz befand, wo Dr. Usui mit seiner brennenden Fackel vorbeikam und seinen Vortrag in einem nahegelegenen Tempel ankündigte. Die Offenheit und Aufrichtigkeit, die dieser merkwürdige Mönch zeigte, als er darüber sprach, daß er bei Menschen Heilung auslösen könne, begannen seine Phantasie zu beschäftigen. Je länger er zuhörte, desto mehr faszinierten ihn die Gedanken und die Hingabe dieses Mönches, der durch ganz Japan wanderte, um sich an die Bekümmerten, Kranken und Behinderten zu wenden und ihnen zu helfen.

Dr. Usui sagte zu ihm: »Sie sind zu jung, um sich pensionieren zu lassen. Begleiten Sie mich auf meiner Wanderschaft, auf der ich Menschen helfe.«

Hayashi hatte große Achtung vor Dr. Usui und glaubte an das Gute, das er mit Reiki vollbrachte, also wanderte er mit ihm durch die ländlichen Gegenden Japans, um den Kranken und Behinderten Heilung zu bringen und ihnen zu zeigen, wie sie sich mit Reiki heilen konnten. Und sie konnten vielen jungen und alten Menschen Reiki beibringen.

Als Dr. Usui sich dem Tag näherte, an dem er das Zeitliche segnete, bat er Chujiro Hayashi, die Führerschaft für Reiki zu übernehmen, ein Meister und Lehrer des Usui-Reiki-Systems der Heilung durch Handauflegen zu werden, die neuen Meisterinnen und Meister ausfindig zu machen und dafür zu sorgen, daß das *Usui Reiki Ryoho* (die Usui-Methode des Heilens durch die universelle Lebensenergie) so fortgeführt wurde, wie sie es praktiziert hatten. Dann verkündete Dr. Usui seinen Anhängern und Anhängerinnen, daß er Hayashi zum Nachfolger auserwählt hätte, der seinen Fußspuren folgen würde, und bat sie, ihn zu respektieren und ihm zu helfen, weiter daran zu arbeiten, den Menschen Heilung durch Reiki zu bringen.

Dr. Usui hatte Hayashi von seiner Erfahrung mit den Bettlern erzählt und gesagt, daß ihm, während er mit dem Gesicht im

Schmutz lag, der Gedanke kam, einen großen Fehler gemacht zu haben.

1. Wende dich zuerst an den Geist.
2. Dann heile den Körper.
3. Bettlern fehlt es an Dankbarkeit.

Deswegen sollten keine Behandlung und kein Kurs mehr umsonst sein. Um vollständig und ganz zu sein, braucht der Mensch einen gesunden Geist und einen gesunden Körper.

Die Reiki-Klinik in Tokio

Churijo Hayashi eröffnete eine Klinik in Tokio in der Nähe des kaiserlichen Palastes. Sie bestand aus einer Rezeption und einem großen Raum, in dem acht Liegen standen, an denen 16 Reiki-Praktiker acht Menschen behandeln konnten. Ein Praktiker arbeitete am Kopf des Klienten, und der andere saß an dessen rechter Seite und arbeitete im Bereich des Magens. Anschließend arbeiteten beide am Rücken des Klienten. Die Behandlungen begannen um sieben Uhr morgens und dauerten bis mittags. Dann gab es eine Stunde Mittagspause, und anschließend machten sämtliche Praktiker Hausbesuche, von denen sie gewöhnlich gegen sieben Uhr abends zurückkehrten.

Wenn jemand gerne Reiki-Praktiker werden wollte, mußte er zuerst von den Meistern und Meisterinnen der Reiki-Organisation angenommen werden, zweitens versprechen, daß er Reiki täglich anwenden und regelmäßig einige Stunden freiwillig in der Reiki-Klinik Patienten behandeln würde.

Dr. Chujiro Hayashi hat das Reiki-System nie verändert, es lediglich in einer Klinik angewendet. Daneben suchten Praktiker weiterhin Menschen zu Hause auf, um sie dort zu behandeln.

Offensichtlich war Chujiro Hayashi durch sein Leben als Soldat eher ein systematischer als ein asketischer Mensch. Natürlich war er es, der den Aufbau der Reiki-Kurse entwickelte. Die Behandlung begann am Kopf mit den vier Kopfpositionen, dann folgten vier Positionen für die Vorderseite des Körpers und vier Positionen für den Rücken. Diese Grundlagenbehandlung wurde je nach individuellen Bedürfnissen um weitere Positionen ergänzt. Nach diesem System lernte auch Takata in Hayashis Klinik Reiki. Und so unterrichtete sie auch ihre Schülerinnen und Schüler.

Hayashis Wohltätigkeit

Dr. Hayashi amüsierte sich immer, wenn Takata Fragen stellte. Sie verhielt sich so anders als japanische Frauen, die niemals wagten, irgend etwas zu fragen, und er schätzte ihre Neugierde, die immer auf ein ganz praktisches Wissen abzielte und so typisch für Takata war.

Als Takata Vorbereitungen traf, um nach Kauai zurückzukehren und dort Reiki auszuüben, verspürte sie das Bedürfnis,

Antwort auf eine Frage zu bekommen. Im Verlaufe des Jahres, in dem sie täglich in der Reiki-Klinik gearbeitet hatte, war ihr aufgefallen, daß sämtliche Klientinnen und Klienten gut gekleidet waren, sich gewählt ausdrückten und Menschen mit beträchtlichem Wohlstand und viel Bildung zu sein schienen. Einige waren offensichtlich sehr reich, berühmt und stammten sogar aus fürstlichen Familien.

Aber was war mit den Armen? Die hatten doch auch gesundheitliche Probleme. Warum kamen sie nicht in die Klinik? Verweigerte man ihnen die Behandlung?

Sie fand Gelegenheit, mit Dr. Hayashi zu sprechen. »In all den Monaten, seit ich hier in der Reiki-Klinik bin, habe ich weder einen armen Menschen gesehen noch jemanden, der schäbig oder in Lumpen gekleidet war. Es kommen keine Arbeiter hierher. Ist das deswegen so, weil Sie sich weigern, arme Leute zu behandeln?«

Amüsiert über ihre Direktheit, brach Dr. Hayashi in Lachen aus und sagte: »Sie müssen ständig bohren. Aber immer, wenn Sie mit einer Frage kommen, haben Sie sich schon länger in Gedanken damit beschäftigt, bis Ihre Neugierde schließlich überwiegt. Sie fragen, warum wir hier keine armen Menschen empfangen. Ich nehme an, Ihre Frage lautet tatsächlich: ›Warum sind Sie nicht wohltätig?‹

Wenn Sie selbst praktizieren und schließlich viel Erfahrung gesammelt haben, werden Sie mit dieser Situation auch umgehen müssen. Alle Menschen, die hierherkommen, stammen aus der Oberschicht. Immer, wenn man mich darum bittet, besuche ich das Haus des Prinzen. Die Menschen hier sind Intellektuelle, sie sind gut gebildet und stammen aus wohlhabenden Familien. Wenn sie krank sind, suchen sie die besten Krankenhäuser und Ärzte auf und ziehen Spezialisten zu Rate. Der Chirurg wird sagen, daß eine Operation der schnellste Weg ist, um die Schwierigkeiten zu beheben. Der Internist wird sagen: ›Nein, keine Operation. Wir glauben nicht, daß das diesem Menschen hilft.‹

Wenn die Ärzte sich also nicht auf eine Behandlung für diesen Patienten einigen können, rufen sie nach Hayashis Reiki. Sie sind zufrieden damit, denn das ist eine nicht-medikamentöse Behandlung ohne jeden Eingriff. Die Auswirkungen zeigen sich nicht so schnell wie bei Medikamenten, aber schon am vierten Tag fangen die Klienten an, einen Unterschied zu bemerken. Sie fühlen sich besser und vitaler. Sehen Sie, wir finden die Ursache, und wenn die Ursache beseitigt ist, gibt es keine Folgen. Dann gibt es keine Krankheit mehr, sondern einfach nur gute Gesundheit und Glück, einhergehend mit der Fähigkeit, für die eigene Sicherheit zu sorgen und sich auf ein langes Leben einzustellen. Das ist Reiki.

Sie finden hier keine zerlumpten und armen Leute, weil diese Menschen Reiki nicht akzeptieren. Die Armen gehen zum Dorfarzt und sagen, er sei sehr freundlich und versuche, ihnen zu helfen. Aber die Armen akzeptieren ihn nicht. Sie meinen, sie müßten ins große Universitätskrankenhaus gehen und dort von einem bekannten Professor behandelt werden, während sich ständig eine Krankenschwester um sie kümmert, nur dann würden sie gesund. Sie träumen ständig von Dingen, die außerhalb ihrer Möglichkeiten liegen. Sie bedanken sich noch nicht einmal beim Landarzt dafür, daß er sie behandelt und mit Medikamenten versorgt. Ihre Einstellung ist anders. Sie würden eine nicht-medikamentöse Behandlung, bei der kein Blut fließt, nicht akzeptieren.. und mich sowieso nicht.

Aber wenn irgendein Mensch hierherkommt und eine Behandlung möchte, schicke ich ihn niemals fort. Und wenn man mich ruft, komme ich, auch wenn jemand arm ist. Oder ich schicke einen meiner Praktiker. Mit Ihnen habe ich 17 Praktikerinnen und Praktiker.«

Als sie nach Kauai zurückkehrte, stellte sie fest, daß er die Wahrheit gesprochen hatte. Die Menschen am Ort wollten nicht ins Plantagen-Krankenhaus, weil es dort nur einen Arzt gab. Sie fuhren lieber nach Honolulu ins Queen's Hospital, wo 50 Ärzte arbeiteten. Sie gaben dem Plantagen-Arzt niemals eine Chance.

Also beschloß sie, von Kauai fortzugehen.

Hayashis Dahinscheiden

Als Takata eines Morgens erwachte, hatte sie das Gefühl, daß jemand anwesend war. Sie öffnete ihre Augen und sah Dr. Hayashi, gekleidet in einen Kimono und ein Hemd aus weißer Seide, am Fuße ihres Bettes stehen.

Sie dachte: »Das ist eine Botschaft. Ich muß sofort nach Japan zurückkehren.« Und das Bild vor ihren Augen verblaßte.

Sie nahm das nächste Schiff nach Japan und fuhr direkt zu Hayashis Haus. Er begrüßte sie und sagte: »Ruhen Sie sich ein paar Tage von Ihrer Reise aus, und fahren Sie dann in den Süden Japans zu den Heilbädern. Arbeiten Sie in den Heilbädern, und bringen Sie möglichst viel darüber in Erfahrung, wie sie die Gesundheit von Menschen positiv beeinflussen. Ich werde nach Ihnen schicken, wenn es Zeit ist, hierher zurückzukehren.«

Sie arbeitete und lernte drei Monate lang in den Heilbädern, und dann erhielt sie die Nachricht, sie solle nach Tokio zurückkommen.

Als sie das Haus betrat, fiel ihr auf, daß Dr. Hayashi in einem Zimmer hin und her lief. Hin und her. Und her und hin.

Dann öffnete er eine Truhe, nahm eine Uniform heraus, die er sich lange und genau anschaute und wieder zurücklegte, um erneut in dem Zimmer hin und her zu laufen.

Nach drei Tagen verkündete er der Familie: »Es wird einen weltweiten Konflikt geben, und als Offizier der kaiserlichen Marine wäre ich für den Verlust von sehr vielen Menschenleben verantwortlich. Ich habe mich dagegen entschieden. Statt dessen werde ich am nächsten Dienstag um 13 Uhr dahinscheiden. Bitte ladet die Angehörigen der Familie sowie die Reiki-Meisterinnen und -Meister ein.«

Er führte ein langes Gespräch mit Hawayo. Er sagte ihr, nach einer Besprechung mit den anderen Meistern habe er beschlossen, daß sie seine Nachfolgerin sein solle. Frau Hayashi wolle nicht allein dafür verantwortlich sein, daß die Klinik weiterhin so laufe wie bisher. Sie war der Meinung, es sei besser, wenn sich seine Frau in ihr Landhaus zurückziehe.

Takata war erfreut über diese Ehre. Sie dankte ihm für sein großes Vertrauen in sie und bat: »Geben Sie mir zehn Jahre, in denen ich meinen Töchtern helfe, im Leben Fuß zu fassen, und dann will ich mein Leben ganz Reiki widmen.«

Er wies sie an, Japan sofort zu verlassen und nach Hause zurückzukehren. Er sagte ihr, wo sie während des Krieges in Sicherheit sein würde und wie der Krieg enden würde. Wie so viele Menschen, die Reiki praktizieren, hatte er gelernt, den Botschaften zu vertrauen, die seine Intuition ihm eingab.

Am Dienstag, den 10. Mai 1941, kamen die Eingeladenen zusammen zu einem schönen Mittagsbuffet. Während sie miteinander schwätzten, wurde Dr. Hayashis Tatami gebracht, und er kam gekleidet in einen Kimono und ein Hemd aus weißer Seide. Er setzte sich auf die Matte und begann den Menschen, die dort versammelt waren, seine letzten Worte zu übermitteln.

Er sagte: »Es wird folgendermaßen vor sich gehen: Zuerst wird eine Arterie platzen, dann eine zweite Arterie, und wenn die dritte Arterie platzt, wird das das Ende sein.«

Er fuhr mit seinen Botschaften für die um ihn Versammelten fort und unterbrach sich mit den Worten: »Jetzt ist gerade die erste Arterie geplatzt.« Dann später: »Die zweite Arterie ist geplatzt.« Und als letztes gab er den unvollständigen Satz »Die dritte... Art...« von sich und fiel tot um.

Der Stammbaum

1973, als Takata 73 Jahre alt war, erklärte sie:

Chujiro Hayashi wurde *Mikao Usuis* oberster Schüler und arbeitete mit Dr. Usui, bis dieser verschied. Dann wurde Hayashi der Meister und Lehrer des *Usui-Reiki-Systems des Heilens durch Handauflegen.* Getreu der Methode und der Tradition folgend führte der große Meister (*O Sensei*) Hayashi Chujiro dieses System voller Respekt bis zu seinem Dahinscheiden im Mai 1941 fort. Mir, *Hawayo Hiromi Takata,* wurde gewährt, diese Arbeit in Japan und anderen Teilen der Welt weiterzuführen, und ich war dazu bereit. Zu jener Zeit, 1941, gab es nur fünf lebende Lehrerinnen und Lehrer, einschließlich Frau Chie Hayashi. Mittlerweile haben sie sich aus Altersgründen zurückgezogen, und ich bin die einzige, die diese großartige Arbeit fortführt. Während ich dies schreibe, verspüre ich den Wunsch und den Willen, daß es nach 38 Jahren des Lehrens und Heilens jetzt genug sein soll. Ich würde diese wunderbare Kunst, die für alle Menschen und anderen Lebewesen so wichtig ist, gern einem jungen Paar anvertrauen, das sich ganz dieser Arbeit widmet und sie fortführt.

Sie wünschte sich, ihre Arbeit einem Paar zu übergeben, das Reiki mit seiner Jugend und Vitalität belebte und die Tradition fortsetzte, aber sie fand dieses »Paar« nicht. Statt dessen initiierte sie 20 Meister und Meisterinnen und bat sie, die Führung ihrer Enke-

lin, Phyllis Lei Furomoto, zu respektieren, und gab ihnen die Erlaubnis, nach ihrem Hinscheiden selbst Meister und Meisterinnen einzuweihen. Sie bat sie, die heiligen Lehren und Gebote von Reiki zu achten, die sie ihr Leben lang verbreitet und aufrechterhalten hatte.

IV

Die Reiki-Praxis

Takatas Unterrichtsstunde

Im Jahre 1938 erhielt *Hawayo Takata* ihre Einweihung als Reiki-Meisterin.

Zuerst bat sie Dr. Hayashi, den Menschen kostenlosen Unterricht geben zu dürfen, die ihr geholfen hatten in der Zeit, in der sie über den Verlust ihres Manns und einer Schwester getrauert und unter starken körperlichen Schmerzen gelitten hatte.

Dr. Hayashi warnte sie: »Geben Sie niemals kostenlose Reiki-Kurse. Denn dann hat Reiki keinen Wert. Die Menschen werden es nicht so schätzen, daß sie es auch anwenden. Sie können ihnen Ihre Dankbarkeit zeigen, indem Sie sie behandeln, wenn sie es brauchen.«

Dr. Hayashi und seine Tochter kehrten nach Japan zurück, und Takata war es gewohnt, ihre Entscheidungen selbst zu treffen. Sie beschloß, ihre Nachbarn und angeheirateten Verwandten, die ihr in ihrer schweren Zeit so geholfen hatten, umsonst zu unterrichten. Sie lehnte es aber ab, ihre beiden Schwestern in den Kursus aufzunehmen, und sagte: »Ich werde euch später unterrichten. Zuerst muß ich sehen, wie es bei den Nachbarn ankommt.«

Als sie eines Tages ihre Wäsche aufhängte, kam eine Nachbarin auf sie zu und sagte: »Meine Tochter ist heute nicht in die Schule gegangen. Sie hat Magenschmerzen. Kommen Sie doch bitte, und geben Sie ihr eine Behandlung.«

Takata entgegnete: »Behandeln Sie sie. Ich haben Ihnen Reiki beigebracht, damit Sie Ihrer Familie helfen können.«

Die Nachbarin sagte: »Es ist aber leichter, wenn Sie das machen, als es selbst zu machen.«

Ein anderer Nachbar kam eines Tages zu ihr und sagte: »Die kleine Mary liegt mit Durchfall zu Hause. Bitte kommen Sie, um ihr eine Reiki-Behandlung zu geben.«

Takata sagte: »Habe ich Ihnen nicht beigebracht, Reiki zu geben? Machen Sie es selbst!«

Er erwiderte: »Ich habe es noch nicht versucht.«

Takata ging ins Haus, schloß sich in ihr Zimmer ein und weinte.

»Sie empfinden einfach keine Dankbarkeit! Verzeihen Sie mir, Dr. Usui! Verzeihen Sie mir, Dr. Hayashi!«

Ihre Schwestern kamen und fragten Takata: »Hast du jetzt Zeit, uns zu unterrichten?«

Takata antwortete schnell: »Das kostet etwas!«

»Oh! Wieviel denn?«

»300 Dollar. Ihr müßt mir das Geld nicht auf einmal geben. Ihr könnt es in Monatsraten zahlen.«

Sie sagten: »Wir werden mit unseren Männern darüber sprechen.«

Die Männer sagten: »Wenn ihr wollt, daß sie euch unterrichtet, dann zahlt ihr den Betrag in Monatsraten von 25 Dollar.«

So lernten sie Reiki und bezahlten den Unterricht ratenweise.

Als die Tochter der einen Schwester zum ersten Mal einen Asthmaanfall hatte, dachte sie an den hohen Preis, den sie gezahlt hatte, um Reiki zu lernen. Jetzt hatte sie kein Geld für Ärzte übrig, und so beschloß sie, das asthmatische Kind selbst zu behandeln. Noch bevor sie die Behandlung abgeschlossen hatte, atmete das Kind wieder mühelos. *Es wirkte!*

Sie suchte Takata auf, erzählte ihr alles und sagte: »Jetzt weiß ich, warum du soviel Geld von mir genommen hast. Du wolltest, daß ich eine *gute* Praktikerin werde. Ich komme, um dir zu danken.«

Takata sagte: »Wunderbar. Jetzt nutze es gut.«

Takata erinnert sich: »Sie hat Reiki regelmäßig angewendet, und dadurch ist sie auch geschäftlich erfolgreich geworden. Das war die billigste Investition, die sie jemals gemacht hat. Sie ist dankbar. Die Menschen, die kostenlosen Unterricht bekamen, sind noch nicht einmal beruflich erfolgreich.«

Das schwierigste Jahr

1937 war das Jahr, das für Takata am schwierigsten war. Sie sagte zu sich: »Meine Güte, nichts als Schwierigkeiten überall, und ich versuche hier, ständig Gutes zu tun. Warum tauchen all diese Hindernisse vor mir auf?« Dann rief sie sich Hayashis Lehren in Erinnerung und besonders, wie er gesagt hatte, *Ärgere dich nicht*. Später erzählte sie uns: »Ich ging niemals an die Decke, sondern sagte immer: ›Gib mir deinen Segen, Gott, du bist mein einziger Zeuge, und du weißt die Wahrheit und niemand sonst. Du hilfst mir, nicht wahr?‹

Ich meditierte sehr tief. Wenn ich allein in meinem Zimmer war, meditierte ich spätabends und früh morgens, und wenn ich ins Bett ging, sagte ich: ›Danke für all die Segnungen heute. Du bist der Größte, und du bist der Richter über alle Dinge.‹«

Die Kurse waren also erfolgreich, und Reiki wurde in den Zeitungen gelobt, und es wurde über all die Komplikationen berichtet, die auftauchten.

Nachdem die Hayashis glimpflich davongekommen und auf ihrem Rückweg nach Japan waren, stattete der Polizist Takata einen unerwarteten Besuch ab und sagte: »Sie hatten eine schwere Zeit, nicht wahr?«

Sie entgegnete: »Naja, da ich eine Unschuld vom Lande bin und wenig Ahnung habe... aber wissen Sie, ich liege dann doch immer richtig, denn als sie nach Honolulu kam, hat sich die Unschuld von Lande eine Lizenz besorgt.«

Er fragte: »Wer gab Ihnen die Lizenz?«

Sie sagte ihm den Namen des japanischen Rechtsanwalts, der zuständiger Notar für den Landkreis war. »Ich bin zu ihm gegangen und habe gesagt: ›Ich bin vom Land und mache mir keine Gedanken über diese Dinge, aber ich will in Honolulu praktizieren und hätte gern irgendeine Lizenz.‹ Er sagte, er freue sich, daß ich zu ihm gekommen sei, gab mir eine Lizenz zum Massieren und sagte mir, ich solle sie einrahmen und in das Zimmer hängen, wo alle sie sehen können.«

Der Polizist sagte daraufhin zu ihr: »Ich möchte, daß Sie ganz ehrlich sind. Ich nehme an, Sie haben Ihrem Lehrer Geschenke mitgegeben, oder?«

Sie erwiderte: »Natürlich habe ich ihm etwas geschenkt, warum auch nicht? Ein Gast kommt von so weit her, und Sie wollen ihn mit leeren Händen wieder nach Hause schicken? Nein, ich habe ihm Geschenke mitgegeben, und die Polizei war eifrig darauf aus, herauszufinden, was es war. Ich schenkte ihm vier Säcke mit hawaiischem Zucker, jeder 50 Kilo schwer. Er mag gern Orangen, also gab ich ihm zwei Kisten Orangen mit. Alle Welt spricht von Kona-Kaffee, also gab ich ihm auch Kona-Kaffee mit nach Hause. Dann Kisten mit Ananas, einem hawaiischem Produkt. Und eine Kiste mit reifen Oliven. Und die Leute schenkten ihm *Koa*-Schalen, einen Koa-Stock und viele, viele *Leis*.

Außerdem schenkte ich der Tochter völlig neue Reisekleider und einen Ring zum Ausgehen.«

Der Polizist starrte sie an und sagte: »Ich möchte wissen, wieviel?«

Sie fragte: »Wieviel was?«

Er sagte: »Sie wissen schon, also wieviel?«

Sie erzählte ihm ohne große Umschweife: »Falls Sie Geld meinen, mein Lehrer ist in Japan ein sehr großer Mann. Er ist nicht arm. Er gehört der Oberklasse an. Er hat ein großes Atelier, ein riesiges Haus und alles, was sich Menschen aus den obersten Kreisen leisten können. Er braucht kein Geld. Er hat Geld. Warum sollte er hierherkommen und einer Schülerin, die gerade versucht, ihre Existenz aufzubauen, auch nur einen Penny aus der Tasche zu ziehen? Er ist gekommen, um mich moralisch zu unterstützen, um mir zu helfen, einen guten Anfang zu machen. Warum sollte er auch nur einen Penny dafür nehmen? Nein, nein, Sie irren sich.«

Aber dann sagte er: »Wir mußten uns vergewissern. Aber wir werden Sie nicht weiter belästigen, denn er ist wieder in Japan, und Sie haben eine Lizenz für Reiki.«

Mit einem erleichterten Seufzer entgegnete sie: »Ich bin froh, daß Sie jetzt die Wahrheit wissen. Selbst die Zeitungen haben die Wahrheit geschrieben. Und sie haben sehr, sehr positiv über Reiki, Dr. Hayashi und den ganzen Zusammenhang berichtet.«

Dann suchte der Herausgeber und Besitzer der japanischen Zeitung sie auf und sagte: »Man hat Sie beleidigt, betrogen, angeschwärzt und verfolgt. Es tut mir sehr leid um Sie. Sie sind eine so kleine Frau und haben doch einen sehr starken Willen und Mut. Lassen Sie uns jetzt diese Leute gerichtlich verklagen, wir haben sehr viele Zeugen. Diese Leute sollen zum Wohle der Öffentlichkeit hinter Gitter kommen. Sie sind eine verdammte Plage für uns alle. Ihr Fall steht sehr gut, und Sie haben das Recht, sie zu verklagen.«

Sie erwiderte: »Ich danke Ihnen. Ich möchte Ihnen wirklich sehr danken für Ihre freundliche Unterstützung und Hilfe und dafür, daß Sie sich um mein Wohlergehen Gedanken machen. Ohne Freunde wie Sie hätte ich diese Zerreißprobe niemals überstanden. Lassen Sie mich darüber nachdenken.«

LEBE EHRLICH

Die Dschodo-Mission

Der Herausgeber der Lokalzeitschrift wollte, daß Takata Sadie die ihr so große Schwierigkeiten gemacht hatte, anzeigte. Sie sagte, sie müsse darüber nachdenken.

An jenem Abend sprach sie mit dem Erzbischof der Dschodo-Mission. Er war sehr interessiert an Reiki. Er hatte vor sieben Jahren aufgrund einer Kehlkopfentzündung seine Stimme verloren und war dadurch gezwungen gewesen, sich in Japan pensionieren zu lassen. Durch eine dreiwöchige Reiki-Behandlung, die ihm Hayashi und Takata in Japan gegeben hatten, war seine Stimme wiederhergestellt worden.

Die Kirche gab ihm daraufhin eine neue Aufgabe, nämlich die Leitung der amerikanischen Zweigstelle der Dschodo-Mission auf Hawaii, zu der auch das Gebiet an der Westküste Kaliforniens gehörte. Oft lud er seine gute Freundin Takata nach dem Gottesdienst zum Essen ein.

Seine erste Amtshandlung nach seiner Ankunft auf Hawaii bestand darin, sich mit den Geistlichen und Kirchenvertretern von Hawaii zu treffen und dann mit den Geistlichen in Kalifornien. Keiner in seinem zwölfköpfigen Gefolge sprach Englisch. Er sagte zu Takata: »Wir sprechen kein Englisch, und wenn wir zum Essen gehen, werden wir nicht wissen, wie wir unser Menü bestellen sollen. Wir möchten gern, daß Sie sich unserem Gefolge anschließen. Wollen Sie nicht zusammen mit unseren Geistlichen etwas Urlaub machen? Wollen Sie mit uns kommen und uns helfen, indem Sie für uns übersetzen?«

Takata sagte: »Das ist mir eine große Ehre. Ich glaube, ich kann Ferien von Hawaii gebrauchen. Vielen Dank, ich nehme Ihr Angebot an.«

Als sie sich mit dem Zeitungsherausgeber traf, erzählte sie ihm: »Ich werde Sadie nicht anzeigen. Ich bin auch nur ein Mensch, und wer will einen anderen Menschen verurteilen? Das sollte Gott überlassen werden. Ich bin friedlich hier angekommen und bin verfolgt worden, aber das lag nun einmal auf meinem Weg. Ich mußte diese Strecke bewältigen. Das alles ist jetzt vorbei, ich habe alles erfolgreich überstanden, für Ihre Gesundheit und die Gesundheit vieler anderer, und weiß das zu schätzen. Ich gehe in Frieden und bleibe in Frieden.

Die einzige Möglichkeit, der Welt zu beweisen, daß ich besser bin, besteht darin, mich selbst zu bessern. Ich werde mit dem Erzbischof an die Westküste Kaliforniens fahren, und nach der Reise werde ich am College für nicht-medikamentöse Medizin in Chicago studieren. Das Geld, das ich für die Honorare der Rechtsanwälte brauchen würde, gebe ich dafür aus, mich weiterzubilden, und wenn ich zurückkehre, werde ich technisch sowie als Therapeutin und Praktikerin besser sein. Das ist meine Art, Menschen zu bekämpfen - indem ich an mir arbeite. Ich danke Ihnen«, sagte sie und verbeugte sich tief. »Wir sehen uns, wenn ich zurück bin.«

Er stürmte aus dem Zimmer und murmelte: »Dumme Idiotin.«

Honolulu im Jahre 1939

Hawayo Takata schloß ihre Studien am College in Chicago ab und kehrte voller Zuversicht nach Honolulu zurück. Jetzt wußte sie mehr über die physischen und theoretischen Aspekte des menschlichen Körpers.

Ihr erster Gedanke war, den Zeitungsherausgeber zu besuchen, der über die Arbeit von Takata und Hayashi berichtet hatte. Sie wollte ihm Abbitte leisten wegen des Streites vor ihrer Abreise nach Chicago.

Sie begrüßte ihn mit den Worten: »Ich bin zurück, Herr Herausgeber, und komme, um Ihnen meine Aufwartung zu machen.«

Er lächelte über das ganze Gesicht, als er sagte: »Ich glaube, Sie haben richtig gehandelt. Sie leben nach den Lebensweisheiten von Reiki. Ich dachte, Sie seien sehr dumm, einfach so wegzulaufen, aber jetzt sind Sie mit mehr Selbstvertrauen zurückgekehrt. Das Geld, das Sie in Ihre Ausbildung statt in Rechtsanwaltshonorare investiert haben, ist gut angelegt.«

Sie begann ihre Arbeit, indem sie eine Praxis in Honolulu eröffnete. Eines Tages bekam sie einen Anruf von der Insel Hawaii. Zwei sehr angesehene Schullehrerinnen waren am Apparat und sagten: »Wir haben Ihren Artikel in der Zeitung gelesen, und wir sind *sehr* interessiert. Wollen Sie nicht einen Kurzurlaub machen und uns besuchen kommen? Wir möchten von Ihnen alles über Reiki wissen.«

Takata erwiderte: »Vielen Dank. Ich werde kommen.«

Seekrank

Als die verabredete Zeit für die Reise nach Hawaii herankam, kaufte Takata eine Fahrkarte für die Überfahrt von Honolulu nach Hilo.

Sie ging an Bord und suchte ihre Kabine auf, um ihr Gepäck abzustellen, bevor sie wieder an Deck stieg, um zum Abschied zu winken. Als sie den Raum betrat, hörte sie ein Stöhnen, und als sie sich umschaute, sah sie eine Frau, die mit dem Gesicht zur Wand in der Koje lag, japanisch gekleidet mit Kimono, Obi, Haori-Mantel und Tabis. Sie stöhnte und ächzte und schien sich wirklich sehr unwohl zu fühlen. Das Schiff war noch am Pier befestigt und bewegte sich nur ganz wenig. Sehr viel später erst würde es auf hoher See sein.

Mit verzweifelter Stimme brachte die Dame mühsam hervor: »Wer Sie auch sind, ich bin sehr seekrank. Ich habe seit drei Tagen keine Mahlzeit eingenommen und bin sehr schwach. Ich werde die ganze Nacht lang stöhnen und Sie stören. Bitte suchen Sie sich eine andere Kabine.«

Das Schiff hatte noch nicht einmal abgelegt! Und sämtliche Kabinen einschließlich der Plätze an Deck waren belegt. Dies war ein Ananas-Schiff, das die Studenten, die den Sommer über in der Ananaskonservenfabrik gearbeitet hatten, nach Hawaii zurückbrachte.

Ohne sich vorzustellen, ging Takata zu ihr hin und schaute ihr ins Gesicht. Vor ihr lag eine sehr elende Frau in den mittleren Jahren, und Takata wollte ihr helfen. Ohne ein Wort zu sagen, schob sie ihre Hand zwischen den Kimono und den Obi auf den Magen der Frau.

Da stöhnte diese noch lauter und begann dann um Hilfe zu schreien.

Während sie schrie, erkannte Takata, daß sie den peinlichsten Fehler ihres Lebens begangen hatte. *Ihre rechte Hand lag auf der Brieftasche der Frau.* Sie saß in der Klemme. Sie durfte ihre Hand jetzt nicht wegziehen. Sie war ganz rot im Gesicht vor lauter Angst. Sie sagte: »Reiki, wenn du bei mir bist..., bitte hilf mir jetzt ganz schnell!«, schloß ihre Augen und konzentrierte sich darauf, daß die geistige Heilung durch den großen Kosmos nicht versagte!

Nach einer Minute begann ihre Hand zu prickeln. Sie spürte, wie Reiki durch ihre Hand floß, und wußte, daß die Frau aufhören würde zu schreien.

Tatsächlich hörte die Dame auf zu schreien, sah ihr ins Gesicht und sagte mit einem Lächeln: »Sie haben mir sehr geholfen! Sie haben gezaubert! Bitte entschuldigen Sie, daß ich solchen Lärm gemacht habe.«

Takata atmete tief durch und dankte der großartigen Energie dafür, daß sie die Frau so schnell geheilt hatte. Es war wie ein Wunder. Takata war sehr erfreut über die Wirkung und machten keinen Versuch, Erklärungen abzugeben. Sie sagte der Frau, sie solle still liegen und sich ausruhen, während sie nach oben an Deck ging.

Nachdem sie sich von ihren Freundinnen und Freunden am Pier verabschiedet hatte, ging sie zurück nach unten und fand die Frau still und bequem daliegend vor. Takata half ihr, sich zu entkleiden, legte ihr Portemonnaie auf das Kissen, faltete ihren Haori-Mantel und den Obi zusammen und legte sie weg. Dann sagte sie zu ihr: »Jetzt, wo Sie bequemer liegen, würde ich Ihnen gern noch weiter helfen, damit Sie ein gutes Abendessen zu sich nehmen können.«

Sie behandelte die Frau eine halbe Stunde lang. Ihre Gallenblase arbeitete daraufhin besser, und nachdem Takata sie im Bereich der Ohren behandelt hatte, hörte auch ihr Schwindelgefühl auf.

Jetzt, wo sie im Kopf wieder klar war, entschuldigte sich die Frau noch einmal dafür, daß sie so grob gewesen war.

Takata bestellte ihr ein leichtes Abendessen, das aus klarer Brühe mit Zwieback, Stangensellerie, Apfel- und Pampelmusenscheiben bestand. Sie konnte diese Dinge kauen, ohne aufzustehen. Sie genoß ihre erste Mahlzeit nach drei Tagen. Takata sagte ihr, sie solle gut schlafen, und bei ihrer Ankunft in Hilo würde sie sie rechtzeitig wecken, damit sie noch ein gutes Frühstück einnehmen konnte, bevor sie anlegten. Am nächsten Morgen, bevor sie in Hilo ankamen, weckte sie ihre Zimmergenossin, half ihr beim Anziehen, und dann gingen sie zusammen in den Eßsaal, wo sie ein kräftiges Frühstück zu sich nahmen.

Ihre Zimmergenossin lugte durch das Bullauge im Eßzimmer und sah ihre Familie. Sie wollte sie unbedingt schnell sehen und erzählen, wie gut sie die Reise ohne Seekrankheit überstanden hatte! Sie und Takata verabschiedeten sich eilig voneinander. Beide hatten vergessen, sich vorzustellen. Die Frau konnte gerade noch sagen: »Vielen, vielen Dank! Das ist die erste Reise, bei der ich an Bord etwas essen konnte.« Auf dem Weg nach Hause erzählte sie aufgeregt ihrer Familie die ganze Geschichte.

In späteren Jahren, als sie auf großen Ozeandampfern reiste, konnte Takata noch vielen seekranken Menschen helfen. Aber sie stellte sich dann zuerst immer vor und erklärte, wie großartig Reiki als strikt nicht-medikamentöse Heilung sei, bei der es ohne Zauberei zuging und man an nichts glauben mußte. Reiki schlug immer an und half ihr, viele Freunde zu gewinnen. Ein wenig Freundlichkeit und Liebe reichen weit.

Ein dreiköpfiges Empfangskomitee holte sie vom Schiff ab und brachte sie in die kleine Stadt Pahoa. Sie wohnte beim Bäcker am Ort. Sie hielt einen zweistündigen Vortrag über Reiki, und anschließend gab es heißen Tee und Kekse. Dabei hatten die Leute Gelegenheit, Fragen zu stellen und miteinander bekannt zu werden.

Es war schon nach Mitternacht, als sie zu Bett ging. *Das Treffen war ein Erfolg!* Etwa ein Dutzend Menschen hatten sich zu dem Kursus angemeldet, der am nächsten Abend um sieben Uhr beginnen und an weiteren vier Abenden fortgesetzt werden würde.

Ein Gerücht ging um in der Stadt und erreichte auch einen Unterrichtsteilnehmer, das Gerücht über eine junge Frau, die ihrer seekranken Zimmergenossin geholfen hatte. Sämtliche Einzelheiten wurden weiter erzählt. Nur hatten die beiden vergessen, sich gegenseitig nach ihren Namen zu fragen.

Pahoa

Die meisten Menschen in dieser Stadt waren Eigenheimbesitzer. Sie arbeiteten auf den Zuckerrohrplantagen oder für die Zuckerraffinerie, einige waren Gemüsebauern oder Blumengärtner, wieder andere betrieben eine Hühnerfarm. Es gab viele Morgen Land mit Obstgärten und Flamingoblumen. Wirklich ein sehr interessanter Platz.

Viele Menschen waren neugierig auf Reiki, und durch die Empfehlungen der ersten Absolventen wurde es immer bekannter. Die Freundlichkeit und Liebe, die Teil von Reiki sind, erreichen viele. Die Menschen in dieser Stadt waren ein gutes Beispiel dafür. Alle wollten sie Takata zum Tee oder zum Abendessen einladen, und sie überhäuften sie mit Blumen und Früchten.

Eines Tages, als sie gerade zu Mittag aß, kam einer ihrer Reiki-Schüler hereingerannt. Er sagte: »Frau Takata, haben Sie auf dem Schiff einer seekranken Dame geholfen?«

Sie antwortete: »Ja.«

»Nun, sie wohnt nur ein paar Häuser entfernt von hier und hat uns die Geschichte über den Vorfall auf dem Schiff und die Frau, die zauberte, erzählt. Jetzt wissen wir, daß Sie ihr Reiki gegeben haben.«

Das war des Rätsels Lösung. Die Dame, die Reiki bekommen hatte, rief ihre Freunde zusammen, damit sie kamen und Takata kennenlernten. Sie mußten herzlich über die Geschichte lachen, und Takata entschuldigte sich dafür, daß sie sie erschreckt hatte, als sie ihre Hand auf ihre Brieftasche legte, und die Dame entschuldigte sich für ihr Schreien.

Die Dame bestand darauf, sich für den nächsten Reiki-Kurs in Pahoa anzumelden.

Der zweite Kurs in Pahoa folgte, und am dritten Tag dieses Kurses kam der Lebensmittelhändler ganz aufgeregt herein. Er war seine Sau füttern gegangen, die am Tag zuvor 13 Ferkel geboren hatte, und hatte festgestellt, daß sie hohes Fieber hatte und im Stall lag. Er hatte gehört, wie Takata bei ihrem Vortrag gesagt hatte, daß man mit Reiki auch Tieren helfen könne. Deshalb war er losgerannt, um sie zu bitten, seine Sau zu behandeln.

Sie bat ihn, zwei weitere Freunde zu holen, die mit ihm im Kurs gewesen waren. Dann gingen sie alle so schnell wie möglich zu ihm. Sie legten die Sau in die Mitte des Verschlages, so daß sie sich alle um sie versammeln konnten, und deckten sie mit nassen Säcken zu. Sie gaben ihr eine Reiki-Behandlung hinter den Ohren, an der Körpervorderseite und im Rücken so gut, wie sie konnten, zwei Stunden lang. Es muß dem Tier gefallen haben, denn es lag still, ohne aufzumucken, und empfing die Heilung. Schon bald hörten sie, wie die Sau freundlich nach den Ferkeln rief. Sie kamen zur Mutter gelaufen, kletterten auf ihr herum und saugten gierig.

Das Mittagessen gab es an diesem Tag etwas später.

Der Besitzer des Schweins kam am nächsten Tag mit einem glücklichen Grinsen in den Unterricht. Er sagte, er habe mit der Rettung der Sau sechsmal soviel gewonnen wie das, was er für den Reiki-Kurs bezahlt hatte, ganz abgesehen von den Ferkeln. Das war für Takata eine bemerkenswerte Erfahrung.

Einige Bauern experimentierten mit Küken, die gerade einen Tag alt waren. Sie konnten sie alle zusammen behandeln, indem sie ihre Hände 15-20 Minuten im Brutkasten ausbreiteten. Schwächere mußten sie ein paar Minuten in der Hand halten. Die Küken mochten das sehr und piepsten freundlich.

Um einen Goldfisch im Glas zu behandeln, braucht man nur das Glas zehn Minuten in den Händen zu halten.

Interessant ist auch, wie Blumen reagieren. Tauchen Sie die Stengel der Schnittblumen in einen Eimer Wasser, schneiden Sie die Stengel im Wasser an, und halten Sie die Stiele ein paar Minuten lang. Dadurch steigt das Wasser hoch zu den Blüten, und diese halten länger.

Halten Sie Samen ein paar Minuten lang in Ihren Reiki-Handflächen, bevor Sie sie in die Erde bringen.

Bei der Anzucht von Orchideen können Sie den Topf täglich eine halbe Stunde in beiden Händen halten. Innerhalb von wenigen Tagen sind die Resultate sichtbar, was der Vergleich zwischen Sämlingen mit und ohne Behandlung zeigt.

Reiki wurde hier auf der großen Insel so gut aufgenommen! Sie wußte die Begeisterung und das ernsthafte Bemühen, zu verstehen, was Reiki war, wirklich zu schätzen. Vielleicht sollte sie an diesem Ort ein Reiki-Gesundheitszentrum eröffnen!

Dazu kam es schließlich am 7. Oktober 1939, noch im selben Jahr. Das große weiße Haus an der Kilauea Avenue sollte zehn Jahre lang ihr Reiki-Gesundheitszentrum in Hilo sein.

Das Haus

Eines Tages hatte Takata wieder einen Anruf von zwei Lehrerinnen von der großen Insel Hawaii bekommen, die in Honolulu in der Zeitung über Takata und all das Gute, das Reiki bewirkte, gelesen hatten und die nun von ihrem kürzlichen Besuch gehört hatten. Sie baten sie, noch ein wenig Urlaub zu machen und sie zu besuchen, weil sie herausfinden wollten, was es mit Reiki auf sich hatte.

Eine der Lehrerinnen holte sie in Hilo vom Schiff ab. Sie machten sich auf den Weg zum Vulkan, der etwa 50 Kilometer von Hilo entfernt liegt.

Die Lehrerin erklärte: »Ich habe seit 17 Jahren Ekzeme, die die immer wieder aufbrechen und eitern. Das ist sehr unangenehm. Ich habe mit allen möglichen Mineralbädern und Medikamenten versucht, etwas dagegen zu unternehmen, aber nichts scheint mein Leiden beheben oder zumindest lindern zu können. Vielleicht hilft mir Ihre Methode.«

Takata erwiderte: »Ich danke Ihnen dafür, daß Sie meine Hilfe gesucht haben. Ich werde mein Bestes tun. Wir müssen die Wurzel Ihres Problems finden. Finden Sie die Ursache, beseitigen Sie sie, und dieAuswirkungen verschwinden. Im Verlaufe der Behandlung werden Sie ein ganzer, vollständiger Mensch.«

Während sie auf den Vulkan zufuhren, sagte die Lehrerin: »Ich muß hier bei diesem weißen Haus kurz anhalten, um meine Seidenstrümpfe abzuholen. Dieser alte Herr ist Seidenhändler, und er ist offenbar zu Hause. Sein Wagen steht vor der Tür.«

Als sie in den Hof fuhren, sahen sie ein Schild:

HAUS UND GRUNDSTÜCK ZU VERKAUFEN

Sie trafen den alten Herrn beim Patiencespiel an. Nach der Begrüßung stellte die Lehrerin Takata vor: »Dies ist Frau Takata aus Honolulu.«

Er konnte etwas schlecht hören, und alles, was er mitbekam, war »Honolulu«. Daraus schloß er, daß sie Interesse hatte, das Haus zu kaufen.

Er schaute hoch zu Takata und lächelte, während ihm Tränen in die Augen stiegen. Er stand auf, raffte die Karten zusammen und warf sie in die Luft. Ihnen nachschauend, rief er aus: »*Halleluja! Halleluja! Halleluja!* Endlich passiert es doch noch! Ich bin so glücklich!« Und die Tränen rollten ihm über die Wangen.

Der Lehrerin war das so peinlich, daß kein Wort herausbrachte. Sie Takata an und sagte: »So sagen Sie doch etwas!«

Was kann man schon sagen angesichts eines solchen Jubels? Sie tat einen tiefen Atemzug und sagte: »Nun, ich wußte überhaupt nicht, daß ich ein Haus erwerben würde. Ich habe keine Anzahlung mitgebracht.«

Er sah sie an und sagte: »Wer redet denn von einer Anzahlung? Ich habe nicht gesagt, daß ich eine Anzahlung brauche. Sie sollen mir nur monatlich 60 Dollar zahlen. Mehr will ich in den nächsten zehn Jahren nicht. Ich bin 72 und meine beiden

Söhne in Honolulu haben mich eingeladen, bei ihnen zu leben. Dort werde ich ein Zimmer haben und verpflegt werden. Die 60 Dollar im Monat werden mein Taschengeld sein, und ich werde mich damit wie ein König fühlen. Bitte übernehmen Sie dieses Haus, ziehen Sie hier ein und leben Sie hier.«

Takata überlegte: Nur 60 Dollar im Monat! Das kann ich doch schaffen. Ich werde es nehmen. Das Haus hat doppelte Wände, vier Schlafzimmer, fast zwei Stockwerke auf einem Acre Land, es ist solide gebaut und halb unterkellert, hat eine Doppelgarage und eine Dienstbotenwohnung hinter der Garage. Es ist ein wunderschönes Anwesen. Vielleicht sollte ich sofort hier einziehen. Es ist groß genug für ein Reiki-Zentrum. Und ich kann meinen Vater und meine Mutter mit hier wohnen lassen. Sie werden sich hier sehr wohl fühlen.

Sie dachte einen Augenblick lang nach. Sie wollte ihn nicht enttäuschen, und der Handel war traumhaft. Sie entschloß sich schnell: »Ich werde es nehmen.«

Die Strümpfe waren vergessen. Sie fuhren gleich zur Bank und setzten einen Kaufvertrag auf.

Sie konnte das Haus immer vermieten, wenn sie beschließen sollte, nicht dorthin zu ziehen. Ihre Freundin war überaus erfreut. Takatas Kopf war voller Zukunftspläne, das Haus zu renovieren, wenn sie nach Hilo ziehen sollte.

Als sie am nächsten Tag das Gelände bewunderte, hielten ein paar Leute an. Sie sahen, daß das Schild »Zu verkaufen« weg war, und fragten sie, ob sie diejenige sei, die das Haus gekauft habe.

Takata lächelte und sagte: »Ja.«

Die Leute warnten sie vor ihrer Nachbarin. Sie sagten zu ihr: »Der Besitzer hat das Haus jahrelang nicht verkaufen können, aber da Sie hier fremd sind, haben Sie es gekauft, ohne etwas über die näheren Umstände zu wissen.«

Als Takata fragte, was es für Probleme gäbe, sagten die Leute nur: »Das werden Sie schon bald herausfinden. Viel Glück!«

Sie setzte sich mit einer Tischlerei in Verbindung, bestellte ein paar Schreiner und begann mit den Umbauten und Reparaturen. Die Menschen in Hilo waren sehr freundlich und hilfsbereit.

Der Tischlermeister bemerkte eines Tages: »So ein schönes Zuhause für Sie, Frau Takata, und das Schild ›Zu verkaufen‹ hing hier drei Jahre lang. Es kamen keine Käufer, und die Leute hier am Ort waren auch nicht interessiert.«

Oho. »Warum? Habe ich dieses Anwesen blindlings gekauft?«

Jetzt kommt es. »Ja, weil Sie aus Honolulu sind.«

Sie fragte: »Welche Mängel hat denn das Haus?«

Er antwortete: »Das Anwesen ist völlig in Ordnung, es geht um die *Nachbarin.*«

Sie fragte: »Was ist mit der Nachbarin?«

Er erwiderte: »Die Nachbarin ist eine Witwe mit *sechzehn* Kindern. Manchmal hat sie sie nicht unter Kontrolle. Sie hat Kinder in jedem Alter, auch Zwillinge. Die meisten Menschen kommen damit einfach nicht zurecht. Also stand das Haus mit seinem Schild ›Zu verkaufen‹ da, bis Sie ganz ahnungslos vorbeikamen und es Ihnen in den Schoß fiel.«

Sie fand, das Nachbarschaftsproblem sei überhaupt nicht der Rede wert, und beschloß, hinüberzugehen und ihre Aufwartung zu machen. Sie wußte noch nicht einmal den Namen der Frau, also stellte sie sich vor und sagte: »Ich bin Ihre neue Nachbarin.«

Die Dame war sehr charmant und sagte: »Sie müssen mir bitte verzeihen. Meine Kinder sind manchmal ziemlich wild, und ich habe sie nicht unter Kontrolle. Aber sie sind eben Kinder, und ich habe nur 16.«

Takata fragte: »Warum sagen Sie *nur* 16? Ist das nicht genug?«

Die Antwort lautete: »Nun, vor drei Jahren erst verlor ich meinen Mann. Aber wenn er länger gelebt hätte, hätte ich vielleicht 24 Kinder! Zwei Dutzend. Wer weiß?«

Sie lachten beide, und Takata sagte: »Sie haben Kinder in jedem Alter, nicht wahr? Vieleicht werden Ihre Ältesten...«

»Die Ältesten sind 16 und 18 Jahre.«

»Dann werden sie bald von der Schule abgehen, und die Mädchen werden bald heiraten. Ich freue mich sehr darüber, daß wir Nachbarinnen sind, und ich glaube nicht, daß es Probleme geben wird.«

Die Nachbarin

Nach wenigen Wochen war Erntedankfest, das Haus war renoviert, fertig, um einzuziehen und sich einzurichten. Sie machte eine große Schüssel Kartoffelsalat, ein Hühnchen und *Sushi* (köstliche japanische Delikatesse, kalte, gefüllte Reisbällchen). Sie trug ein Tablett voll zur Nachbarin, der sie von ganzem Herzen ein schönes Fest wünschte, und sagte: »Das ist mein erstes Erntedankfest hier, und ich möchte mein Glück mit Ihnen und Ihrer Familie zusammen feiern.«

Die Nachbarin sagte: »Die Kinder werden sich darüber freuen. So werden wir das Erntedankfest im großen Kreise feiern.«

Sie bat die Kinder, ein Auge auf ihr neues Haus zu haben und darauf zu achten, daß keine herumstreunenden Pferde oder Kühe in den Garten liefen und die Blumen fraßen, wenn sie zur Neujahrsfeier nach Kauai zurückfuhr.

So entwickelte sich die Beziehung sehr angenehm.

Es gab absolut keine Schwierigkeiten mit der Familie nebenan. Wenn herumstreunende Pferde oder Kühe in ihren Garten liefen, kamen die Kinder von nebenan und jagten sie fort. Wenn ihre drei Mangobäume reif zur Ernte waren, kamen die Jungen und halfen, die Mangos zu pflücken. Sie brachten Takata immer ein Scheffel der besten Früchte. Es gab genug für sie alle.

Nach einiger Zeit kamen die Kinder aufs College. Einige heirateten, und so waren es keine 16 mehr. Sie hatten eine schöne Beziehung entwickelt, indem sie sich gegenseitig halfen.

Es gab nicht die geringsten Probleme.

Das erste Zentrum

Dieses große weiße Haus sollte also ihr erstes Reiki-Zentrum werden. In dem Augenblick, in dem sie begann, die notwendigen Umbauten vorzunehmen, fühlte sie sich, als besäße sie den schönsten Palast. Der Rhythmus der schlagenden Hämmer war Musik für ihre Ohren, und abends, wenn sie zum Schlafen nach oben ging, berührte sie immer wieder die Wände und sagte:

»Gott segne dieses Haus. Für mich ist dies ein wunderbares Reiki-Zentrum. Hierher werden Menschen mit ihren Problemen kommen. Und *du* wirst sie lösen und die Leute gesund machen. Dies ist also nicht nur mein Haus, sondern es gehört auch den Menschen, die Hilfe benötigen. Ich brauche deinen Segen.« Dann strich sie, während sie die Treppe hochstieg, mit den Händen von oben nach unten an den Wänden entlang, sanft, ganz sanft, und sagte: »Danke, Gott, danke, Gott.«

Eines Tages, nachdem der Bauleiter dagewesen war, begannen die drei Tischler wie wild herumzuhämmern. Ihre Arbeit hatte keinen Rhythmus mehr. Es klang, als sei die ganze Welt verrückt geworden. Takata redete mit ihnen und sagte: »Bitte hören Sie auf, auf die Wände einzuschlagen, und erzählen Sie mir, welchen Grund dieses kopflose Herumhämmern hat.«

Einer von ihnen antwortete und sagte: »Frau Takata, wir arbeiten sehr gerne hier. Aber heute kam unser Bauleiter von einer anderen Baustelle hierher und sagte, die Arbeit dort hätte letzten Monat fertig sein sollen, und die Hausfrau sei sehr unglücklich über den Farbton ihres Anstrichs. Er sagte ihr, wir hätten die Farbe verwendet, die sie uns angegeben habe, und daß ein Neuanstrich sie mehr Geld kosten würde. Sie war wütend und ließ ihren Ärger an ihm aus. Deswegen kam der Bauleiter hierher und schrie uns voller Wut an, und jetzt hämmern wir auf Ihr Haus ein. Er hat uns angesteckt mit seiner Wut. Bitte verzeihen Sie uns, Frau Takata. Uns ist das bis jetzt nicht aufgefallen, aber Sie sind völlig anders als andere Menschen. Sie waren immer sehr freundlich zu uns. Wenn er wiederkommt, werden wir ihn bitten, die Schwierigkeiten anderer Menschen nicht mehr mit in dieses Haus zu bringen.«

Sie rief den Bauleiter an und bat ihn, den Arbeitern für den Rest des Tages freundlicherweise freizugeben und sie wiederkommen zu lassen, wenn sie in besserer Stimmung seien.

Den Arbeitern erklärte sie: »Vielleicht ist es ein Fehler von mir, ein Haus aus zweiter Hand gekauft zu haben, aber für mich ist dies mein Platz, und ich eröffne hier nach besten Kräften ein Gesundheitszentrum. Ich tätschele meine Wände frühmorgens und abends, bevor ich ins Bett gehe, bete und meditiere, damit dieser Platz viel inneren Frieden, Glück und Erfolg beherbergt. Sie zerstören meine guten Schwingungen, wenn Sie hier ärgerlich und unzufrieden herumhämmern.«

Sie hörten ihr zu und sagten dann: »Es tut uns leid, wir wußten nicht, daß es Ihnen etwas ausmacht.«

Sie fuhr fort, ihnen zu erklären: »Ganz gleich, wie alt Häuser sind, einmal waren sie lebende Bäume, Kiefern oder Tannen. Sie haben ihre Form verändert, aber das Leben geht immer weiter, und sie haben auch Gefühle.«

Als der Bauleiter kam, sagte Takata zu ihm: »Ich bin mit Ihrer Arbeit sehr zufrieden, und ich freue mich sehr darüber, daß Sie vorankommen. Aber kommen Sie nicht hierher, wenn Sie unglücklich sind, und stecken Sie Ihre Arbeiter nicht mit Ihrer schlechten Stimmung an, die sie dann wiederum in meine Wände hämmern. Bitte, entlassen Sie sie für heute, und kommen Sie an einem anderen Tag wieder, um mit der Arbeit fortzufahren, wenn Ihr Pfeifen glücklich klingt. Lassen Sie sie für heute gehen, denn Sie sind nicht glücklich und die Arbeiter auch nicht. Für mich ist dieses Haus wie ein Tempel oder ein Schloß. Ich möchte ein gutes Gelingen. Alles, was ich hier tue, werde ich von ganzem Herzen und aus ganzer Seele tun, denn ich segne das Haus und seine Wände jeden Tag und jeden Abend, während ich in sämtlichen Fluren und Zimmern meditiere. Ich sage: ›Gott, ich danke dir für deinen Segen.‹ Bitte, gehen Sie für heute nach Hause.«

Der Bauleiter nahm seinen Hut ab, hielt ihn vor sein Herz und sagte: »Frau Takata, gerade habe ich zum ersten Mal bei der Arbeit eine Predigt gehört, und sie war besser als die in der Kirche. Ich werde Ihre Wünsche befolgen.«

Sie hatte noch ein paar persönliche Worte für ihn. »Wenn Sie diese Haltung auf alle Ihre Arbeiten übertragen, werden Sie ein sehr guter Bauunternehmer werden.«

Innerhalb weniger Jahre wurde er zu einem der erfolgreichsten Bauunternehmer in der Gegend von Hilo.

Als die Renovierung abgeschlossen war, gab es zwei Behandlungsräume, ein großes Wohnzimmer, wo Leute sitzen und warten konnten, eine schöne Küche, eine weitläufige Terrasse und eine überdachte Veranda, auf der sie mit Ausblick auf einen wunderschönen Garten essen konnten.

Sie ließ stundenweise einen Gärtnerjungen kommen, um mehr Blumen zu pflanzen und das Grundstück zu verschönern. Nach wenigen Monaten war der Garten wie umgewandelt.

Noch bevor die Umbauten abgeschlossen waren, kamen bereits Menschen zur Behandlung. Die beiden Lehrerinnen waren die ersten, und innerhalb von zwei Monaten waren ihre Schwierigkeiten behoben.

Besuch aus der Geisterwelt

Gelegentlich empfing Takata Botschaften aus der feinstofflichen Welt, wie wir bei ihrer Erzählung von ihrer Meditation unter dem Kampferbaum und von der Stimme, die sagte: »Operation nicht erforderlich«, bereits erfahren haben. Durch das Anwenden von Reiki wurde sie offener für die feinstoffliche Welt. Die folgende Geschichte läßt sich am besten mit ihren eigenen Worten erzählen.

»Die nächste Stadt, in die wir fuhren, war Okala, eine weitere Zuckerrohrplantage an den Berghängen. Meine ältere Tochter und ich kamen im japanischen Tempel des Ortes an und wurden von dem Geistlichen und seiner Frau freundlich empfangen. Die Frau war im Mädchencollege in Tokio eine Klassenkameradin meiner Tochter gewesen.

Nach meinem Reiki-Vortrag gingen wir ziemlich früh zu Bett. Wir schliefen unter einem großen grünen Netz im Besucherzimmer. An der gegenüberliegenden Wand hing eine laut tickende Uhr, die die Zahl der Stunden mit Gongschlag verkündete, die halben Stunden mit einem Schlag. Wir hatten Taschenlampen bekommen, falls wir nachts einmal aufstehen mußten.

Es war nach Mitternacht, als wir hörten, wie jemand draußen um das Netz herumging. Der Boden war mit japanischen Strohmatten bedeckt, und das Geräusch schlurfender Schritte war deutlich zu hören.

Meine Tochter sprach als erste und sagte: ›Mutter, hörst du das auch?‹

Ich sagte: ›Ja. Sei still und laß uns sehen, was passiert.‹ Sie fragte, ob sie die Taschenlampe anknipsen solle, und ich sagte: ›*Nein*.‹

Irgend etwas ging dreimal um das Netz herum, und die Uhr schlug einmal. Wir lauschten immer noch, aber es wurde nichts gesagt. Also sagte ich: ›Wer du auch sein magst, wenn du etwas sagen willst – ich bin wach und bereit, dir zuzuhören. Möchtest du eine Botschaft überbringen?‹

Kein Antwort. Wir warteten und warteten. Die Uhr hörte auf zu ticken, und alles schien ruhig zu sein. Wir lagen ganz still und versuchten, wieder einzuschlafen, was uns aber lange Zeit nicht gelang.

Gegen sieben Uhr morgens hörten wir das Telefon klingeln. Der Geistliche beantwortete den Anruf. Da wir das Ehepaar herumlaufen hörten, standen wir auf, um mit ihnen zu frühstücken. Wir sahen, daß die Uhr an der Wand um zwanzig nach eins stehengeblieben war.

Nach unserer Morgenbegrüßung fragte ich den Geistlichen: ›Wann haben Sie die Uhr aufgezogen?‹ Er sagte: ›Gestern. Sie läuft immer sieben Tage.‹ Ich erzählte ihm, daß sie um ein Uhr zwanzig stehengeblieben sei und auch von den Schritten gestern nacht.

Er sagte: ›Für Sie kam heute früh ein Anruf von der Radiostation in Hilo. Am besten rufen Sie gleich zurück.‹ Das tat ich. Meine Schwester aus Lihue, Kauai, hatte versucht, mit mir Verbindung aufzunehmen. Ich rief sie an und fand heraus, daß mein Schwager, Kenichi, am frühen Morgen verschieden war.

Der Geistliche sagte: ›Die Schritte, die Sie hörten, waren die Ihres Schwagers. Vielleicht lag er im Koma und war dabei, seinen Körper zu verlassen, als er kam, um sich von Ihnen zu verabschieden.‹

Ich erzählte ihm, was vor zwei Monaten, am 2. Oktober, geschehen war, als ich mich in Kauai befand. Ich ging Kenichi besuchen, der krank war und in der Klinik lag. Er litt unter Magengeschwüren.

Es mußte entschieden werden, ob er nach der Untersuchung und Röntgen-Durchleuchtung, die für den 1. Dezember angesetzt waren, operiert werden sollte oder nicht. Zu der Zeit, als ich ihn verließ, lag er im Krankenhaus.

An jenem Abend traf sich unsere Familie zum Abendessen. Wir waren zu sechst. Meine Schwester zündete Kerzen und Räucherstäbchen auf dem Altar an und erwies Kenichis Eltern, die schon lange verschieden waren, ihren Respekt. Plötzlich hörten wir eine Stimme, die deutlich und angenehm sprach:

›*Erschreckt euch nicht. Ich bin die Mutter von Kenichi, der heute nacht im Krankenhaus ist, und bin ziemlich besorgt über seinen Zustand. Ich mußte also kommen, um euch den Rat zu geben, nicht zu operieren. Er wird sterben, wenn er unter das Messer kommt. Bittet Hawayo, ihm Reiki zu geben, dann wird er schon bald wieder zu Kräften kommen.*‹

Ich war überrascht, daß sie von meinen Behandlungen wußte, und fragte sie, ob ich mich in all diesen Jahren auf dem richtigen Weg befunden habe. Sie sagte: ›*Ja. Ich weiß alles, was vor sich geht. Zuerst muß ich Kenichis Frau dafür danken, daß sie den Altar mit frischen Blumen, Teegaben, vielen Süßigkeiten und Früchten versorgt. Sie hat ihre Pflichten als Schwiegertochter gut erfüllt.*‹

Ich sagte: ›Bitte, Mutter, hilf Kenichi, damit es ihm bald besser geht.‹

Die Familie unterhielt sich etwa eine Stunde lang mit ihr. Wir fragten sie, wo sie lebte und wie es dort sei. Sie wußte alles über die Enkelkinder. Sie äußerte sich sehr lobend über meine Heilungsarbeit. Ich drückte meine Dankbarkeit darüber aus, mit ihr sprechen zu können, und sagte ihr, sie solle sich öfter an uns wenden.

Sie sagte: ›*Ich bin heute nacht nur gekommen, weil sein Leben in Gefahr ist. Möglicherweise trefft ihr nicht die richtige Entscheidung, aber ich, seine Mutter, mußte kommen und euch warnen und beraten.*‹

Wir dankten ihr, und mit ein paar Abschiedsworten verschwand sie.

Die Entscheidung am nächsten Tag war leicht. Keine Operation. Innerhalb von zwei Wochen war er gesund. Er hätte den Rat seiner Mutter befolgen und erst nach Silvester wieder mit der Arbeit anfangen sollen. Aber er hielt sich nicht daran.

Er war wieder völlig gesund und hielt es nicht aus, tatenlos im Haus herumzusitzen. Er nahm seine Arbeit im Dezember wieder auf. Am 20. Dezember meldete er sich wieder im Krankenhaus und klagte über Magenbeschwerden. Er wurde operiert, noch bevor die Familie es wußte.«

Er starb in der Nacht, als die Uhr stehenblieb und Takata die Schritte in ihrem Zimmer hörte.

Die Parker-Ranch

Die Parker-Ranch ist die größte Ranch auf Hawaii. Ein Gelände, das vom Gipfel eines Berges bis hinunter zum Strand verläuft, gehört zu dieser Ranch, auf der viele Cowboys das Vieh betreuen.

Den Cowboys beizubringen, wie sie mit dem Vieh umgehen können, war eine neue Erfahrung für Takata. Aber sie konnte ja Reiki vermitteln, und so brachte sie den meisten Angestellten auf dieser Ranch Reiki bei. Und die Leute dort erzählten ihr, wie sie Reiki bei ihrer Arbeit einsetzten.

Wenn eine Kuh kurz vor der Entbindung stand, brachten die Cowboys sie in einen Verschlag. Sie blieben bei der Kuh, und wenn das Kalb kam, wickelten sie es in eine warme Decke und gaben ihm Reiki. So verloren sie niemals ein neugeborenes Kalb. Das war für die Ranch ein großer Gewinn.

Die Kühe, die nicht genug Milch gaben, wurden von den Cowboys genauso mit Reiki behandelt, wie ein Mensch behandelt worden wäre. Sie behandelten den Kopf und dann den Magen, die lebenswichtigen Organe und die Fortpflanzungsorgane. Nach diesen längeren Reiki-Behandlungen gaben die Tiere wieder gut Milch.

Einmal mähte ein Cowboy eine Wiese mit einem Benzinmäher, als dieser plötzlich blockierte. Ohne den Mäher abzustellen, griff er nach unten, um den Erdklumpen zu entfernen, der festklemmte. Als er ihn weggenommen hatte, begann die Klinge sich mit voller Geschwindigkeit zu drehen, und er verlor einen Finger.

Im Reiki-Kurs hatte er gehört, daß akute Verletzungen sehr schnell heilen können. Er nahm den Finger, setzte ihn an die Schnittstelle und band ihn mit seinem Halstuch fest. Er hielt ihn eine halbe Stunde lang. Dann spürte er, wie ein Pulsieren oder Vibrieren durch den Finger lief, und er hatte keine Schmerzen mehr. Auch das taube Gefühl verschwand. Er schaute sich den Finger an. Dieser war, wo er hingehörte. Er verband den Finger, schaute ihn drei Tage lang nicht an, behandelte ihn aber in jeder freien Minute. Als er den Verband abnahm und den Finger Takata zeigte, war nicht einmal eine Narbe zu sehen.

Er sagte: »Jetzt, wo dieser Finger ganz geheilt ist, können wir darüber lachen. Wäre es anders gekommen, hätte ich meinen Finger verloren. Für mich ist das ein Verdienst von Reiki.«

Takata freute sich sehr, von diesen Erfolgen zu hören, denn sie wußte, daß Reiki bei allen Lebewesen wirkt, bei Säugetieren, Vögeln und Pflanzen ebenso wie bei Menschen.

Ein Baby mit Gerstenkorn

Eine der Frauen, die Takatas Sonntagsvortrag gehört hatten, bekundete ihr Interesse, den Kurs zu besuchen, der am Montag begann und bis Freitag dauerte.

Sie erzählte Takata: »Mein Sohn wird am nächsten Freitag ein Jahr alt. Er ist mit einem Gerstenkorn geboren worden. Ich blieb etwas länger im Krankenhaus und dachte, das Gerstenkorn würde verschwinden. Aber als ich das Krankenhaus verließ, hatte er das Gerstenkorn immer noch. Ich fragte den Arzt, ob das Baby im Krankenhaus bleiben solle. Aber er sagte, da ich das Baby stillen müsse, solle ich es mitnehmen und ihm in ein, zwei Wochen, wenn das Gerstenkorn verschwunden sei, Bericht erstatten.«

Sie sollte auf einem Kalender notieren, wann das Gerstenkorn sich veränderte. Als sie wieder zu Hause waren, wanderte das Gerstenkorn nach einer Woche zum anderen Auge, und in der folgenden zurück zum rechten, dann wieder zum linken. Das Kind bekam innerhalb eines Jahres 52 Gerstenkörner.

Takata fragte: »Was für ein Kind ist es?«

Die Frau entgegnete: »Es ist weinerlich und sehr schwer zufriedenzustellen. Sehr unglücklich. Wenn Sie mir versprechen, das Gerstenkorn zum Verschwinden zu bringen, werde ich Reiki lernen.«

Takatas Worte lauteten: »Nun, ich verspreche gar nichts. Ich bin nicht diejenige, die Ihnen etwas garantiert, denn ich bin auch nur ein Mensch, der zu einem anderen Menschen spricht. Was ist, wenn Sie nicht anwenden, was ich Ihnen beibringe? Wer will das wissen? Sie sollten auf Gott vertrauen. Reiki ist Gottes Macht. Wer sind Sie und wer bin ich, Gottes Macht anzuzweifeln? Bei einem einjährigen Baby müßte die Behandlung sehr schnell anschlagen. Wir werden zur Ursache vordringen. Das Gerstenkorn ist nur die Auswirkung. Wenn Sie die Ursache finden und behandeln, wird es auch keine Wirkung mehr geben. Das Gerstenkorn muß verschwinden.«

Takata begleitete die Frau in deren Wohnung und sah zu, wie diese das Baby fütterte und ihm die Flasche gab. Dann legte die Frau es zum Schlafen hin. Es war ein sehr unruhiger Schläfer und wachte nach zwei Stunden schreiend auf.

Als sie sicher war, daß das Baby fest schlief, ging Takata zu seinem Bettchen und begann, es zu behandeln. Sie arbeitete etwa zehn Minuten lang über seinen Ohren, dann im Bereich der Stirn, hinter den Ohren und ging dann weiter zur Vorderseite des Körpers, zu Brustkorb, Magen, Leber, Bauchspeicheldrüse und den inneren Organen. Als sie das Kind umdrehte, wachte es nicht auf, sehr zum Erstaunen seiner Mutter.

Während sie seinen Rücken behandelte, sagte sie: »Ich glaube, ich habe die Ursache gefunden. Die Nieren des Kindes arbeiten nicht ganz normal. Es ist etwas übersäuert und toxischer als andere Babys. Ich bin sicher, daß es von all diesen Giften frei wird, wenn Sie seine Ernährung etwas verändern. Sie werden sehr viele Windeln brauchen.«

Sie behandelte seine Nieren eine dreiviertel Stunde lang. Dann ging sie in die Küche, wo sie beide darauf warteten, daß das Kind aufwachte. Schon bald sagte Takata: »Mama, ich glaube, dein Baby ist aufgewacht.« Sie öffneten langsam die Tür und erwarteten, daß er beim Aufwachen schrie. Statt dessen wanderte das Baby in seinem Gitterbettchen herum und hielt eine Gummiente in der Hand, mit der es gegen den Gitterrand klopfte. Es schaute noch nicht einmal auf, als sie das Zimmer betraten.

Takata wies die Mutter an, ihm ein Bad zu bereiten und frische Kleider und viele Windeln zu holen. Der Geruch war sehr übel.

Das Baby lächelte und spielte glücklich vor sich hin. Selbst als sie es ins Bad setzten, spielte es weiter mit seiner Gummiente. Seine Mutter zog es an und gab ihm seine Flasche mit Saft.

Am nächsten Tag berichtete die Mutter, daß das Gerstenkorn schrumpfe. Nachdem Takata dem Kind drei Behandlungen gegeben hatte, war das Gerstenkorn verschwunden. Ihre Anweisungen für die Mutter lauteten: »Jetzt, wo Sie es selbst können, sollten Sie regelmäßig Ihre Hände auf seinen Magen, seine

Leber und seine Nieren legen. Dann gehen Sie zum Po. Dann die Beine hoch bis zu den Unterleibsorganen. Das wird reinigend wirken. Das Kind muß mehr Saft als Milch bekommen. Füttern Sie keine feste Nahrung und Flüssigkeit zusammen. Geben Sie nur Milch. Dann später nur feste Nahrung. Dann wird die feste Nahrung besser verdaut, weil es keinen Gärungsprozeß gibt.«

Das war das letzte Gerstenkorn, daß das Kind jemals hatte.

Der Knoten

Zwei ihrer eifrigen Schüler im Zentrum in Hilo waren eine 52jährige alte Dame und ihr 62jähriger Mann.

Eines Tages kamen sie zu Takata und baten um eine Behandlung für die Frau. Diese sagte: »Wir sind auf dem Rückweg von meinem Arzt. Wir wohnen etwa 15 Kilometer nördlich von Ihnen.«

Takata fragte: »Was hat der Arzt zu Ihnen gesagt?«

Sie antwortete: »Der Arzt sagte, ich solle mich auf eine Operation gefaßt machen, weil der Knoten ziemlich groß sei.« Takata entgegnete darauf: »So so. Lassen Sie mich Ihnen Behandlungen geben, und wir wollen sehen, was Reiki ausrichten kann. Gibt es weitere Symptome? Haben Sie Schmerzen?«

Sie sagte: »Nein. Schmerzen habe ich nicht, aber nur sehr wenig Appetit. Manchmal habe ich dumpfe Kopfschmerzen, und manchmal ist mir morgens übel.«

Takata fragte: »Müssen Sie erbrechen?«

»Ja«, antwortete sie. »Meine Gallenflüssigkeit kommt bitter hoch, und ich fühle mich so wackelig, als wäre ich seekrank. Manchmal muß ich mir die Seiten halten, damit ich nicht taumele. Das geht jetzt seit einiger Zeit so. Ich glaube, es war gut, zum Arzt zu gehen.«

Takata schwieg, schloß ihre Augen und konzentrierte sich auf die vordere Körperseite der Frau. Als sie ihre Aufmerksamkeit auf den Punkt unterhalb des Nabels richtete, nahm sie einen sehr großen Knoten wahr. Sie sagte zu der Frau: »O ja, der Knoten ist ziemlich groß. Ich bin sicher, Sie müssen die Operation nicht übereilen, denn der Knoten hat ein paar Monate gebraucht, um so weit zu wachsen. Warum warten Sie nicht eine Weile, bevor Sie über eine Operation entscheiden?«

Die Frau fragte: »Was meinen Sie?«

Takata entgegnete: »Ich möchte, daß Sie etwa viermal kommen. Ich bin sicher, daß die Übelkeit verschwinden wird und Sie sich dann leichter fühlen. Sie werden sich innerlich lebendiger und wohler fühlen, denn ich glaube, eine Operation wird nicht erforderlich sein. Ich habe da so eine Ahnung, daß sich das alles zu einem glücklichen Ereignis entwickeln wird.«

Die Frau sah Takata direkt ins Gesicht und sagte: »Was meinen Sie damit?«

Takatas Antwort lautete: »Nun, Sie werden wahrscheinlich ein Baby bekommen.«

Als das Wort »Baby« fiel, wurde die Frau rot bis über beide Ohren und sagte: »Na, wissen Sie, ich bin 52 Jahre alt. Das ist ja schrecklich. Heute ist ein fürchterlicher Tag. Als ich beim Arzt war, sagte der: ›Operation‹. Dann komme ich hierher, und Sie erzählen mir einen großen Witz und sagen: ›glückliches Ereignis‹.« Sie drehte sich um und lief hinaus zum Auto.

Takata stürzte hinter ihr her und sagte: »Ich wollte Ihre Gefühle nicht verletzen. Drehen Sie nicht durch. Was stimmt denn nicht?«

Der Mann öffnete seiner Frau die Tür, und als sie neben ihm saß, schlug er sie hinter ihr zu. Dann wandte er sich an Takata, um von ihr eine Erklärung zu erhalten. »Meine Frau ist ja völlig aufgelöst. Was haben Sie ihr denn gesagt, daß sie sich so aufregt?«

Takata schaute ihm direkt ins Gesicht und erzählte ihm, was sie der Frau gesagt hatte, mit den Worten endend: »...kann sich zu einem glückliches Ereignis für Sie entwickeln.«

Die Frau starrte Takata an, und diese empfahl: »Beruhigen Sie sich. Sie haben einen guten Mann. Ich weiß, ihr jüngster Sohn ist 21...«

Der Mann sagte: »Es bleibt bei der Terminvereinbarung für morgen.« Er wurde rot bis über beide Ohren und fuhr davon.

Die Frau kam am nächsten Tag wieder zu ihrer Behandlung und sagte, sie habe eine gute Nacht gehabt, keine Übelkeit, keine Kopfschmerzen, und sie habe sogar gut gefrühstückt. Sie entschuldigte sich dafür, daß sie wütend geworden sei, und sagte, sie sei so schockiert gewesen über die Neuigkeiten. Frau Takata sagte: » Es gibt zwei Dinge, die Sie nicht zugleich zu sich nehmen können... Orangensaft und Milch. Bringen Sie beides in Ihren Magen, und es gerät aneinander. Die Milch gerinnt sofort, und dadurch entstehen Gase. Das beeinträchtigt die Gallenblase. Solange Sie hierherkommen, werde ich Ihre Gallenblase stärken, damit Ihre Gallenflüssigkeit bei der Verdauung besser mitwirkt. Dann wird die morgendliche Übelkeit verschwinden. Da Ihr Mann Reiki gelernt hat, kann er dann die Behandlung übernehmen.«

Die Frau hatte eine leichte Schwangerschaft und gebar ohne Komplikationen ihr Baby, einen Jungen. Als der kleine Junge fünf Jahre alt war, zog sie ihm einen Matrosenanzug an, gab ihm einen kleinen Korb mit Blöcken und Stiften und fuhr mit ihm zu Besuch zu Takata. Sie sagte: »Frau Takata, morgen kommt er in den Kindergarten. Ich glaube, er ist so klug, daß der Lehrer keinerlei Schwierigkeiten mit diesem Kind haben wird. Er ist ein sehr glückliches Kind, immer gut gelaunt.«

Takata freute sich, daß Mutter und Sohn ein Bild der Gesundheit boten. Sie lebten in einem kleinen Dorf auf dem Lande. Der Mann wurde als einer der besten Reiki-Praktiker in jener Gegend bekannt.

Kinderlose Paare

Ein Paar war 18 Jahre verheiratet und hatte noch keine Kinder. Die beiden begannen sich zu fragen, ob sie jemals eine Familie haben würden. Sie war 48 und ihr Mann über 50, als sie zu Takata kamen, um sie zu fragen, ob Reiki ihnen helfen könne.

Takatas Antwort lautete: »Ich glaube, wenn Ihr ganzer Körper vitalisiert wird, sind Sie mit Sicherheit nicht zu alt. Sie sagen, Sie würden beide gern eine Familie haben. Am besten kommen Sie beide zur Behandlung. Und nehmen Sie an einem Kursus teil, damit Sie die Behandlungen selbst fortsetzen können.«

Sie fingen mit den Behandlungen an, und nach drei Wochen begannen sie sich besser und vitaler zu fühlen. Im darauffolgenden Jahr bekamen sie ein Kind.

Als sie ins Krankenhaus ging, um ihr Baby zu entbinden, bat die Frau ihren Mann, ihr im Krankenhaus täglich Reiki-Behandlungen zu geben, statt ihr ein Geschenk zu kaufen. Die Geburt verlief normal, und sie bekam ein gesundes Mädchen. Durch die Reiki-Behandlungen entwickelten sich die Organe im Körper der Mutter schneller zum Normalzustand zurück.

Die stolze Mutter wollte ihre Tochter »Freudenbündel« nennen und bat Takata, zweite Patentante zu werden. Takata sagte daraufhin: »Es ist mir eine große Ehre. Aber denken Sie mal einen Augenblick lang nach... Wenn dieses Kind in den Kindergarten kommt, wie soll es dann schreiben können: ›Mein Name ist Freudenbündel‹? Das ist zu lang für sie. Vielleicht können Sie sie zu Hause Freudenbündel nennen, aber behandeln Sie sie wie jedes andere Kind auch, und geben Sie ihr einen Namen, der ihr später in der Schule keine Schwierigkeiten beim Schreiben macht.« Sie lachten beide über den Vorfall. Die Kleine wuchs zu einem sehr intelligenten und gesunden Kind heran und hatte einem Namen, der sich leicht schreiben und aussprechen ließ.

Schon bald begannen sich weitere kinderlose Paare an Takata zu wenden. Einige waren seit acht oder zehn Jahren verheiratet. Sie empfahl immer, daß beide an einem Reiki-Kurs teilnahmen, damit sie dem Baby, wenn sie es bekommen hätten, jedesmal wenn sie es hielten, eine Behandlung geben konnten. Sie sagte: »Das wird das Kind vitaler und kräftiger machen, so daß es weniger anfällig für Erkältungen und andere Infektionskrankheiten ist.«

Weihnachten 1948 kehrte Takata nach Hilo zurück, um die Ferien mit ihrer Familie und ihren Freunden zu verbringen, die sie dort zurückgelassen hatte, als sie wieder nach Honolulu ging.

Eine junge Frau kam zu ihr und sagte: »Wir sind seit neun Jahren verheiratet und möchten eine Familie, deswegen planen wir, ein Kind zu adoptieren.«

Takata fragte: »Wie weit haben Sie die Adoption schon vorangetrieben?«

Sie entgegnete: »Wir haben beim Arzt Papiere unterschrieben, so daß man uns anruft, sobald wieder ein ungewolltes Kind im Krankenhaus geboren wird.«

Takata sagte zu ihr: »Wenn Sie wirklich etwas ändern wollen, warum sprechen Sie dann nicht mit Ihrem Mann darüber und kommen zu mir zur Behandlung? Das haben schon viele getan, die Kinder bekommen haben und mittlerweile selbst Reiki anwenden. Kommen Sie, wenn Sie sich entschlossen haben.«

Am nächsten Tag klopfte es an der Tür. Takata öffnete, und vor ihr stand die junge Frau mit einem Koffer in der Hand. Sie bat sie herein und sagte: »Ich denke, Sie sollten drei Wochen bleiben. Ich ändere Ihre Ernährung etwas und gebe Ihnen täglich Behandlungen. Dadurch wird Ihr Körper alkalischer. Wenn das System übersäuert ist, kann sich kein Kind bilden. Sie werden Ihr Baby noch in diesem Jahr bekommen können.«

Die Reiki-Behandlungen begannen Anfang Februar, und in der letzten Novemberwoche gebar sie einen strammen kleinen Jungen. Er war sehr wach und gesund. Sie waren voller Freude darüber, ihr eigenes Kind zu haben, statt eines zu adoptieren.

Fünf Jahre später kam die junge Frau wieder zu Takata und sagte: »Jetzt möchten wir ein kleines Mädchen. Wir sind sehr glücklich über unseren Jungen, aber wir finden, er braucht Gesellschaft.« Nachdem sie nach Hause zurückgekehrt war, bekam sie bald einen weiteren kleinen Jungen. Sie hatten das Gefühl, daß ihre Familie jetzt vollständig war.

Eine Frau, die sich dringend ein Kind wünschte, aber dreimal eine Fehlgeburt hatte, lag im Krankenhaus. Takata riet ihr, Reiki-Behandlungen zu nehmen, bevor sie wieder schwanger wurde. Das tat sie auch, und als sie das nächste Mal schwanger war und das Gefühl hatte, sie könne eine Fehlgeburt haben, ging sie ins Krankenhaus und ließ Takata anrufen. Durch die täglichen Behandlungen und Takatas Hilfe konnte die Fehlgeburt verhindert und das Kind ausgetragen werden.

Sie bekam Zwillinge.

Das Begräbnis

Eines frühen Morgens 1938 fegte Takata gerade ihren Gehweg und bereitete sich auf ihre Klienten vor, als der Bruder ihrer Nachbarin mit einem Wagen vorfuhr. Er war gekommen, um seine Schwester abzuholen und mit ihr zum Haus ihrer Eltern zu fahren, das eine Stunde entfernt lag. Ihre Mutter war gerade gestorben, und sie mußten die Beerdigung besprechen.

Als seine Schwester aus dem Haus trat, um in seinen Wagen zu steigen, kam sie auf Takata zu und sagte mit Tränen in den Augen: »Frau Takata, ich komme, um Sie um einen großen Gefallen zu bitten. Man hat mir gesagt, daß meine Mutter heute morgen um fünf Uhr gestorben ist, und mein Bruder ist gekommen, um mich mit nach Hause zu nehmen. Das war ein großer Schock für mich. Ich hätte nicht gedacht, daß sie so krank war. Sie hatte Durchfall und Fieber, und ich glaubte, es sei nichts Ernstes. Jetzt habe ich Gewissensbisse, weil ich meine, daß ich mich nicht genug um sie gekümmert habe. Wenn Sie mit mir kommen könnten, um mich moralisch zu unterstützen, wäre ich vielleicht stark genug, mich diesem Kummer zu stellen.«

Takata sagte: »Natürlich, wenn Sie sich dann besser fühlen.«

Während der langen Fahrt weinte die Schwester vor Reue über ihre mangelnde Fürsorge für ihre Mutter und bedauerte, nicht mehr für sie getan zu haben.

Takata fragte: »Warum weinen Sie so verzweifelt über das Dahinscheiden Ihrer Mutter? Sie war 62 Jahre alt. Das ist für viele Menschen eine normale Lebensdauer.«

Der Bruder sagte: »Wir haben uns ihr gegenüber lieblos und undankbar verhalten. Ich war sieben Jahre auf dem Festland und habe nicht viel getan, um sie glücklich zu machen. Ich bin kürzlich zurückgekommen, aber ich konnte nicht genug tun, um sie für ihre große Liebe und die materielle Hilfe, die sie mir hat zukommen lassen, zu entschädigen.«

Die Schwester sagte: »Ich lebe in Honolulu, aber ich war zu sehr mit meinen eigenen Angelegenheiten und meinem eigenen Leben beschäftigt. Ich habe das Gefühl, sie vernachlässigt zu haben. Und jetzt ist es zu spät. Ich bin so traurig. Ich kann gar nicht aufhören, das alles zu bereuen und zu beweinen.«

Takata, die auf dem Rücksitz saß, betete zu Gott: »Wenn du Ohren hast, dann höre sie bitte, denn nur du kannst etwas für sie tun.«

Als sie das Haus erreichten, sahen sie viele Nachbarn, die bei den Vorbereitungen für die Beerdigung halfen. Männer in weißen Hemden und schwarzen Krawatten und Hosen trugen den mit schwarzem Stoff bedeckten Sarg ins Haus. Ein paar Leute bastelten die traditionellen weißen Papierblumen, und einige Frauen arbeiteten in der Küche.

Takata und die Schwester gingen in das Schlafzimmer der Mutter, wo die Schwester auf die Knie fiel, weinte und ihre Mutter auf Japanisch anflehte: »*Oka-San*, verzeihe mir, daß ich zu spät gekommen bin.«

Da sie dieser Familie noch niemals begegnet war, fühlte Takata sich fehl am Platz und beschloß, den Leuten am besten aus dem Weg zu gehen. Daß man sie bat, in ein Haus mitzukommen, wo ein Mensch verschieden war und tot dalag, war eine neue Erfahrung für Takata. Ihr fiel nichts ein, was sie hätte sagen können, um die anderen zu trösten, also holte sie sich einen niedrigen Stuhl und setzte sich neben den Körper der Mutter. Weil sie nicht wußte, was sie sonst tun sollte, legte sie ihre Hände auf den Solarplexus der Leiche.

Es war jetzt neun Uhr morgens. Vor vier Stunden war die Mutter für tot erklärt worden.

An der Wand hing die Sterbeurkunde des Arztes zusammen mit der Genehmigung für die Verbrennung.

Takata arbeitete an sämtlichen inneren Organen, während sie eine Hand über eine Stunde lang auf dem Herzen ruhen ließ.

Gegen halb zehn spürte Takata, wie es im Bereich des Nabels etwas warm wurde... oder bildete sie sich das bloß ein?

Sie ließ ihre Hände auf dem Körper liegen und betete inbrünstiger.

Plötzlich öffnete die Frau ihre Augen und gab einen tiefen Seufzer von sich.

Während sie ihre Hände immer noch über den Solarplexus hielt, stand Takata ungläubig auf und schaute der Frau in die Augen. Als sie sah, wie diese blinzelte, fragte sie vorsichtig: »Sind Sie wach?«

Ein weiterer tiefer Seufzer folgte, und dann kam die Antwort: »O ja, ich kann Sie sehen.«

Takata setzte sich wieder hin und stieß die Tochter an, die untröstlich schluchzte. »Hören Sie auf zu weinen. Wischen Sie sich Ihre Tränen ab. Kommen Sie ganz vorsichtig und still zur anderen Seite des Bettes. Ihre Mutter schläft nicht mehr. Sie lebt und ist wach.«

Die Tochter schrie ihr in die Ohren: »*Oka-San*!«

Gleich darauf hörten sie die Frau flüstern: »Ich höre jemanden rufen. Ich wäre fast durch jenes kleine Loch im Tunnel gegangen. Ich habe mich gerade noch rechtzeitig besonnen. Ich habe dich rufen hören, also bin ich zurückgekommen.«

Die Schwester holte still ihren Vater, der an das Bett seiner Frau gerannt kam.

Die kürzlich verschiedene Frau setzte sich auf und sagte: »Ich habe Hunger. Ich würde gern etwas Saimin (Nudeln) essen.«

Bevor er aus dem Zimmer ging, um *Saimen* zuzubereiten, gab Takata ihm einen Wink und wies mit dem Kopf auf die Sterbeurkunde, die an der Wand hing. Seitwärts wie eine Krabbe schlich er sich zur Wand, nahm das Blatt weg und ließ es in seine Tasche gleiten, damit sie es nicht sehen konnte.

Takata behandelte sie eine weitere Stunde lang und staunte dabei fortwährend über Gottes Macht.

Der Vater ging zurück ins Wohnzimmer und bat die Männer leise, den Sarg und die Blumen zur Hintertür hinauszutragen, wegzubringen und zu verbrennen. *Das alles wurde nicht gebraucht!* Er bat die Anwesenden zu gehen, still und einer nach dem anderen.

Takata kam noch zweimal wieder, um die Frau zu behandeln, und diese wurde allmählich kräftiger und konnte mehr essen. Ihr Sohn lernte Reiki und behandelte sie täglich. Die beiden Geschwister wußten sehr wohl noch, was sie in ihrem Kummer gesagt hatten, und waren überglücklich darüber, daß sie etwas für ihre Mutter tun konnten. Sie planten eine Reise, und ein halbes Jahr später konnten die Eltern zu Besuch nach Japan zurückfahren, beladen mit Geschenken wie Ananas, Schokolade, Kaffee und Zucker für ihre Freunde.

Welch große Freude und welch großes Glück!

Takata sagte: »Mit Reiki geben wir nie die Hoffnung auf. Wo noch ein Funke Leben ist, arbeiten wir intensiver und bitten Gott um seinen Segen.«

Als sie die Behandlungen abschloß, fragte Takata die Mutter: »Wo waren Sie, als Sie sich in tiefem Schlaf befanden? Können Sie sich daran erinnern, was Sie da erlebt haben?«

Sie antwortete: »Ich weiß es noch ganz genau. Als ich mein Bewußtsein verlor, befand ich mich in einer anderen Sphäre und wurde rasch durch die Luft befördert. Ich hatte weder Gefühle, noch Beschwerden oder Schmerzen. Ich sah einen Tunnel mit einem großen Eingang. Als ich durch den Eingang trat, entdeckte ich, daß der Tunnel sehr lang war, und am anderen Ende sah ich Licht. Diese Öffnung war so klein, daß ich mich fragte, wie ich da durchkommen sollte, aber ich wußte, wenn ich dort durchginge, würde ich niemals zurückkehren. Ich versuchte, mich zu entscheiden, ob ich durchgehen oder zurückbleiben sollte. In diesem Augenblick hörte ich die Stimme meiner Tochter, die mich rief: ›Mama, Mama!‹ Sie war so unglücklich und litt so sehr, daß ich zurückkam. Ich hatte so tief und lange geschlafen, daß mir, als ich aufwachte, als erstes mein Hunger auffiel.«

Das Erstaunliche an der Genesung war, wie total und vollkommen sie war. Die Frau war geistig klar, ihr Gehirn war nicht geschädigt. Reiki vitalisierte sie. Sie hatte weder Fieber noch andere Beschwerden oder Schmerzen.

Nachdem sie sich ein halbes Jahr lang an ihrer alten Heimat gefreut hatten, kehrten sie nach Kauai zurück. Die Frau war sehr unternehmungslustig. Sie besaß bereits einen Laden. Sie schaffte sich noch einen Nudelimbiß und einen kleinen Getränkekiosk an. Dann kaufte sie schöne Geschäftsräume für ihren Sohn. Zehn weitere Jahre lebte sie ein erfülltes und aktives Leben.

V

Ein persönlicher Ausblick

von

Fran Brown

Die spirituelle Lehre des Reiki

Bei jeder Initiation wird der Körper des oder der Initiierten mit soviel Reiki-Energie gefüllt, wie er aufnehmen kann. Deshalb muß die Initiation an mehreren verschiedenen Tagen stattfinden, damit der Körper mehr Raum hat und mehr von der Energie halten kann. Waren Sie jemals so voller bedingungsloser, liebevoller Lichtenergie, daß Sie dachten, Sie würden explodieren... oder ähnliches? Die Initiierten erleben in dieser Zeit die unterschiedlichsten Empfindungen. Und dies ist der Hauptgrund dafür, daß Reiki-Kurse während mindestens drei unterschiedlichen Tagen, täglich mehrere Stunden lang abgehalten werden.

Durch die Initiation werden sehr tiefgehende spirituelle, emotionale und körperliche Veränderungen in die Wege geleitet. Der Körper braucht Zeit, um sich auf diese Veränderungen einzustellen. Welche Tiefe und Macht in diesen Zeiten entstehen, läßt sich nicht so leicht begreifen. Erst nachdem die Initiierten eine Zeitlang täglich behandelt wurden, können sie verstehen, was geschieht. Aus diesem Grund forderte Dr. Hayashi sämtliche Initiierten auf, nach Abschluß des Kurses mindestens ein paar Stunden in der Woche in der Reiki-Klinik zu arbeiten.

Heute wird oft gesagt, wir sollten immer im Augenblick leben. Dr. Usui hat Menschen schon vor über hundert Jahren ermahnt, im Hier und Jetzt zu sein. Denn jetzt ist die einzige Zeit, die existiert. Vor welcher Aufgabe Sie auch stehen, geben Sie Ihr Bestes, um sich mit der Situation so, wie sie in diesem Augenblick ist, auseinanderzusetzen. Wenn Sie mit den Möglichkeiten und Pflichten umgehen können, die Ihnen heute begegnen, können Sie auch das bewältigen, was morgen auf Sie zukommt. Was Ihnen gelungen oder nicht gelungen ist, ist Vergangenheit... vorbei... Geben Sie keine Energie mehr hinein. Geben Sie Ihre gesamte Energie in das hinein, was heute geschieht.

Wenn man sein Leben im Hier und Jetzt lebt und entdeckt hat, wie vieles dabei erfolgreich gelingt, ist es vielleicht an der Zeit, sich gründlich mit den Lebensweisheiten zu beschäftigen.

Jede der heute bekannten und bewährten Methoden kann benutzt werden, um Abstand zwischen dem Selbst und den emotionalen Zuständen herzustellen, indem wir erkennen, daß das Selbst die Person und die Emotionalität ein Zustand ist, und wir frei wählen können, ob wir uns auf diesen Zustand einlassen wollen oder nicht. Wenn wir uns auf *Ärger* einlassen, gibt es keine selbstbestimmten Aktionen –, nur Reaktionen, was heißt, daß die ganze Macht bei der Person oder Handlung liegt, die den *Ärger* auslöst.

Eine Frage, die zum Nachdenken anregt, könnte lauten: Wenn ein Mensch seine Energie dazu benutzt, bei anderen »die Auslöseknöpfe zu drücken«, wendet er dann die zusätzliche Energie gut an, die der, der sich ärgert, weggibt? Gelegentlich dient es einem guten Zweck, wenn wir beschließen, unsere Energie in Form von Ärger wegzugeben. In den meisten Fällen ist das jedoch nicht der Fall, sondern führt nur zu Unannehmlichkeiten.

Wenn wir jeden Tag neu leben, verschwindet viel von dem täglichen Streß. Ohne ärgerliche Auseinandersetzungen kommen wir in einen sehr viel angenehmeren Zustand.

Sorge ist das nächste, was wir Tag für Tag loslassen müssen. Und wenn wir wissen, daß wir zum Zeitpunkt unseres Handelns wirklich unser Bestes gegeben haben, ist es wirklich nicht mehr so wichtig, was dabei herauskommt.

Jemand hat einmal gesagt: »Es zahlt sich aus, wenn ich mir Sorgen machen«. Alles, was ich befürchtet habe, ist niemals eingetreten.

Das mag wohl stimmen, nur hat dieser Mensch dafür seinen inneren Frieden geopfert. Wieviel besser ist es doch, wenn wir tief und friedlich schlafen können.

Viel ist darüber geschrieben worden, wie wir zu einer *Haltung der Dankbarkeit* gelangen und diese bewahren können. Es kann eine erstaunliche Erfahrung sein, all die wünschenswerten Dinge aufzuschreiben, die uns innerhalb von zehn Minuten in den Kopf kommen. Wenn wir dies täglich tun, können wir uns jenem Überfluß an guten Dingen öffnen, der uns umgibt. Dann fällt es uns leicht, zu sehen, welchen Erfolg wir haben und in welcher Fülle unsere Bedürfnisse befriedigt werden, statt gierig hinter Dingen herzusein. So entwickeln wir ein Bewußtsein des Überflusses, das unser Armutsbewußtsein ersetzt, das Gefühl, nicht genug zu bekommen.

Achte und respektiere das Göttliche, die kreative Energie, die bedingungslose Liebe, die der Kern allen Lebens ist. Selbst wenn sie unserem Blick verborgen bleibt, ist sie da, in allem, erlaube jedem Wesen sein eigenes Sein. Eltern, Lehrer (und auch die Knopfdrücker sind unsere Lehrer!), Nachbarn und andere, alle Lebewesen verdienen Achtung.

Das Gebot *Lebe ehrlich* kann uns eine verblüffende Selbsterkenntnis bringen. Wenn wir einmal einen ganzen Tag lang jede unserer Entscheidungen und Handlungen im Lichte der Aufrichtigkeit betrachten, kann das sehr unangenehm, ja sogar unbequem sein. Es bedeutet nämlich, an allen roten Ampeln stehenzubleiben, selbst wenn kein anderer Mensch in Sicht ist. *Ehrlichkeit* ist eine innere Qualität, die nicht davon abhängig ist, daß andere sie wahrnehmen.

Ein Mensch, der jeden Tag Reiki praktiziert und Gedanken wie diese hegt, wird feststellen, daß sich ihm neue Welten, Talente und unmittelbare Erfolge sowie eine überfließende, bedingungslose Liebe für alles Leben eröffnen. Das Herz wird leichter, wenn es kontinuierlich vom Licht der bedingungslosen Liebe durchströmt wird. Grenzen, die durch tägliche Gewohnheiten entstehen, fallen allmählich fort. Bedürfnisse werden befriedigt, und überflüssige Bedürfnisse verschwinden. Das Leben des Reiki-Praktikers verändert sich, wird klarer und einfacher.

Mikao Usui nannte es *the Light Research Association* (die Lichtforschungsgesellschaft).

Ein Aspekt von *Licht* läßt sich übersetzen als *inneres Licht*.

Usuis Interesse war, Menschen das Licht des spirituellen Wachstums zu bringen, ihr Bewußtsein zu erweitern, ihnen zu helfen, ihre eigene Göttlichkeit zu erkennen und das Göttliche in allem Leben, das sie umgibt. In dem Augenblick, in dem ein Mensch das erkennt, kommt es zur Heilung des Körpers. Jeder, der diese Erkenntnis vollzogen hat, kann sich einen Wunsch ausdenken und zuschauen, wie dieser Gedanke sich materialisiert, der Löffel zum Beispiel, den Sie halten, sich langsam nach unten senkt, als wäre er aus warmem Wachs.

Reaktionen

Jedesmal, wenn Takata einen Kursus hielt, sprach sie über »Reaktionen«. Wenn die Reiki-Behandlungen anfangen, setzt eine große Veränderung ein, denn wenn der physische Körper beginnt, sich zu entgiften, wirkt sich das auf sämtliche Energiekörper aus. Die Reinigung des physischen Körpers fängt dann an, wenn die vitalisierten Organe zu ihrer Normalfunktion zurückkehren. Das nennt man »Reaktion«, und wenn diese abgeschlossen ist, funktioniert der Körper viel normaler und ist dann in der Lage, sich selbst zu heilen. Die Reaktion zeigt an, ob die Heilung voranschreitet.

Erfahrungen aus tiefster Vergangenheit können so an die Oberfläche kommen und heftige Emotionen aufwühlen. Das ist die Zeit, sich mit den Emotionen auseinanderzusetzen, Erlebnisse zu verzeihen und loszulassen. Das spirituelle Wachstum beschleunigt sich in dem Maße, wie neue Vorstellungen entstehen und Unnötiges fortfällt. Selbst die Vorliebe, mit welchen Freunden wir Zeit verbringen wollen, scheint sich zu ändern.

Mit dieser Selbstbeobachtung wächst auch die Selbsterkenntnis, und subtile Geschenke werden manifest, bringen neue Talente ans Licht. Die Heilung geschieht auf vielen Ebenen.

Reiki sorgt für gute Gesundheit, Glück und Sicherheit.

Für heute lasse alle Sorgen los.

Für heute lasse allen Ärger los.

Ehre deine Eltern, Lehrer & Nachbarn.

Verdiene dein Brot mit ehrlicher Arbeit.

Sei dankbar für das, was du erhältst.

Dr. Mikao Usui

Wenn diese Regeln täglich beachtet werden, wird der Körper darauf reagieren, und was auch immer wir zu erreichen wünschen, wird erreichbar sein.

Takata lehrte uns, »Reiki zu leben«: ein angenehmes, freudvolles und sanftmütiges Leben, gekennzeichnet durch Gesundheit, Glück und jene Langlebigkeit, nach der wir alle streben.

Eine Untersuchung

Ein sehr weiser Mann hat einmal gesagt: »Alle Wege führen zurück nach Hause. Der einzig falsche ist der, von dem behauptet wird, er sei der einzig richtige.«

Reiki ist einer der vielen Wege nach Hause. 1988/89 führte ich mit Hans Mathiesen eine Untersuchung durch, die zeigte, daß Menschen, die daran interessiert sind, Reiki zu lernen, den Wunsch verspüren, anderen zu helfen und zu dienen. Während sie zuließen, daß Reiki durch sie hindurchfloß, und auf die Empfindungen in ihren Händen achteten, wurde ihnen zunächst ihr eigener Körper bewußter und dann der Körper des Menschen, den sie behandelten. Sie stellten fest, daß mit dieser wachsenden Wachheit für sich selbst und andere ihr Herz für ihre ganze Umgebung offener wurde. Durch das Anwenden von Reiki beschleunigte sich ihr spirituelles Wachstum, und eigene Talente wurden ihnen bewußt, von denen sie niemals auch nur geträumt hatten. Einige Praktiker und Praktikerinnen hatten sogar ähnliche Erlebnisse wie die, die Takata beschrieb. Andere waren nach diesen Erfahrungen imstande, den Zustand des Körpers, den sie vor sich sahen, und das, was er für die Wiederherstellung seiner Gesundheit brauchte, zu beschreiben. Sie konnten durch wenige Behandlungen und manchmal auch sofort Heilung auslösen.

Vielleicht sind diese Talente in uns allen latent vorhanden und liegen solange brach, bis die Umstände für ihre Anwendung stimmen. Wenn sich die Tür zu diesen Talenten öffnet, ist das

– milde ausgedrückt – eine verblüffende Erfahrung. Oft ist sie auch beängstigend, wenn nicht jemand in der Nähe ist, der versteht, was geschieht, und helfen kann. Bei Menschen, die regelmäßig meditieren, spirituell wachsen möchten und/oder sich dem Dienst an anderen widmen, ist es wahrscheinlicher, daß sie zu denen gehören, die solche Expansionserlebnisse haben.

Heute und Morgen

Am 12. Dezember 1980 ist Hawayo K. Takata verschieden. Ein Jahr danach trafen sich ihre Reiki-Meister und -Meisterinnen zum ersten Mal eine Woche lang auf Hawaii. Am Ende unserer Zusammenkunft wurde in der buddhistischen Kirche in Hilo, wo ihre Asche begraben liegt, ein Gedenkgottesdienst gehalten.

Sie hat uns ein großartiges Geschenk hinterlassen, Reiki – und die Hoffnung, daß wir damit ebensogut umgehen, wie sie es tat, und es der ganzen Welt zur Verfügung stellen.

Über die Autorin

Fran Brown lebt in der Nähe von San Francisco und hat dort drei Söhne großgezogen. 1977 wurde sie Witwe. 1972 begann ihre spirituelle Suche, in deren Verlauf sie sich des Geschenks ihrer eigenen heilenden Kräfte bewußt wurde. Sie begegnete Takata 1973 in San Francisco und wurde im Januar 1979 Takatas siebte Reiki-Meisterin. Sie hat ihr Leben Reiki gewidmet und reist durch die ganze Welt überall dorthin, wo Menschen Reiki lernen möchten.

Fran schreibt: »Meisterin oder Meister zu werden und zu unterrichten ist nicht das Ziel der meisten Reiki-Praktiker und sollte es auch nicht sein. Diese Welt hat ein großes Bedürfnis nach Menschen, die anderen helfen können, ihre Lebensrichtung zu ändern und sie zu einer produktiven, vitalen Gesundheit führen. Es gibt heute viele Praktikerinnen und Praktiker, die die Art von Heilung fördern, wie sie in den Geschichten dieses Buches beschrieben wird. Viele von ihnen erleben wahrscheinlich auch ähnliche Phänomene wie die hier geschilderten. Und sie alle erfahren mit Sicherheit, daß ihr spirituelles Wachstum sich beschleunigt, während sie zugleich dem folgen, was sie selig macht. An vielen Orten der Welt entstehen Reiki-Zentren mit der Hoffnung, daß diese sanfte Gabe der bedingungslosen Liebe all jene erreichen möge, die danach suchen.«

Jemanden lieben, das heißt,
ihn zum Leben führen,
sein Wachstum herausfordern.

– Die Essenz unseres Verlages.